HR
绩效管理
经典实战案例

李连魁◎著

中国法制出版社
CHINA LEGAL PUBLISHING HOUSE

向标杆企业学习经典实战案例的必备宝典

作为本套丛书的主编，我非常荣幸组织业界资深的人力资源管理者编写了这套适合我国企业管理特色的人力资源经典实战案例丛书。

案例教学法起源于 20 世纪 20 年代，课堂中分析的案例都来自商业管理的真实情境或事件，有助于培养和发展学生主动参与课堂讨论的积极性，案例教学法实施之后反响很好。

本套丛书融合案例教学法的精华，总结了标杆企业的经典实战案例，这也是很多读者非常喜欢的学习方法。通过案例学习人力资源管理相关知识不仅更加生动，而且实操性强。总结起来，本套丛书具有以下主要特征。

1. 案例源自企业实战：本套丛书所有管理案例均来自企业一线实战，通过作者多年的实践探索精挑细选出很多生动有趣的案例，且非常贴近企业管理实际，作者还收集了业界标杆企业的丰富案例素材，融合先进管理案例，让这套丛书读起来更具趣味性。

2. 以解决问题为核心：本套丛书选取的案例均来自企业管理中遇到的典型问题，围绕企业经常遇到的管理难题，非常具有代表性。特别是通过案例详细解析让大家加深对关键知识点的把握和理解，深入剖析企业遇到问题的核心根源，系统总结作为人力资源管理者和企业各级管理者应该吸取的经验教训。

3. 知识点丰富系统：本套丛书系统融合了很多企业在招聘、绩效、薪酬、员工培训以及劳动纠纷等专业领域丰富的管理案例，作者从企业战略和人力资源管理战略的高度审视各个模块的相互联系，每个模块都有非常完整的体系性设计，让读者能够从企业经营的整体角度去理解人力资源管理各个模块的内容，"既见树木，又见森林"。本套丛书不仅展示了很多经典实战案例，围绕案例背后的关键知识点，每本书也都做了详细的阐述，让读者不仅知其然而且知其所以然。丰富系统的知识点提炼，加上典型的案例分析，让这套丛书更具有实操价值。

4. 作者来自知名企业：本套丛书的作者均来自业界知名企业，这些作者都奋战在企业管理第一线，他们总结自身企业在人力资源管理领域的丰富实战经验，对企业人力资源的运作流程精通，了解各项工作的管理痛点和难点，写作素材来自多年的企业管理实践。本套丛书的内容与企业管理零距离，让读者读完就能懂，有些实战技能拿来就能用。

5. 管理理念领先：本套丛书不仅展示了业界经典实战案例，还介绍了人力资源管理领域先进的管理理念和管理方法。这些先进的管理理念和管理方法是企业管理者更应该掌握的法宝，只有采用先进的管理理念和管理方法才能在竞争中立于不败之地。

这套经典实战案例丛书为人力资源管理者提供了解决实际问题的途径和方法，能提升人力资源从业者和企业管理者的实战能力。"学而不思则罔，思而不学则殆。"广大读者在学习与借鉴业界经典实战案例的过程中，要善于举一反三，因为不同行业的企业，不同规模的企业，不同企业文化的企业，不同劳动者素质的企业，其所能采取的人力资源管理方法是不同的。

作为人力资源从业者和企业各级管理者，要想真正做好人力资源管理工作，就需要对人力资源管理工作有清晰的结构化立体思维模式，要向标杆企业学习经典做法，深入研究企业人力资源管理案例，全面思考企业管理问题产生的根源，最终寻求最适合企业的管理策略、管理思路、管理方法和管理手段，通过实战案例学习全面思考并做到举一反三，要认真研究这些案例背后的管理思想和管理方法，力争做到融会贯通。

相信本套丛书必将成为企业各级管理者的良师益友和学习宝典。

是为序。

丛书主编、知名人力资源专家

贺清君

2024 年 4 月于北京中关村

自　序

绩效管理是组织成功的关键因素之一。通过定期评估和反馈，可以激励员工提高工作表现，实现战略目标。同时，绩效管理也是大中型企业管理的难点，经常存在以下问题：

【常见问题】

- 问题 1：重考核轻赋能——忽视对考核人的赋能，导致绩效提升有限
- 问题 2：重定性轻量化——忽视定量的客观考核，导致考核结果分歧大
- 问题 3：重指令轻沟通——忽视绩效沟通面谈，导致指标下达简单武断
- 问题 4：重结果轻过程——忽视考核过程的纠偏，导致考核舍本逐末
- 问题 5：重负向轻正向——忽视加分项重视扣分项，导致员工抵触考核

本书基于作者 20 年组织近千场培训、提炼上百家 500 强企业管理智慧的实战经验，以及企业需求，按照"战略地图→平衡计分卡→绩效考核表"，系统性地让读者"带着问题来、拿着方案走"。本书将详细探讨绩效管理的目的、定义、重要性、目标、原则、参与者角色、流程、挑战以及未来发展趋势。

【本书收益】

- 收益 1：前沿知识——了解绩效管理的最新研究理论知识及原理
- 收益 2：实操方法——掌握端到端、点到点的绩效管理标准化操作流程
- 收益 3：落地工具——掌握通俗易懂能落地的绩效管理操作工具
- 收益 4：实用模板——掌握实用的绩效管理模板，稍加修改直接套用
- 收益 5：最佳实践——掌握业界绩效管理的最佳实践做法及成功案例

【本书亮点】

- 课程源于实践：20 年的实战、一线的主导，帮助读者"沉浸体验"
- 内容问题导向：大量的调研、全程的辅导，帮助读者"融会贯通"

- 形式案例为主：丰富的案例、真实的案例，帮助读者"启迪启发"
- 效果落地性强：科学的工具、实用的方法，帮助读者"即学即用"
- 实证可溯可查：名企的应用、标杆的实践，帮助读者"举一反三"

绩效管理涉及多个参与者，包括员工、直接上级、人力资源部门以及高层管理者。每个参与者都有特定的角色和职责：员工需了解并实现其个人绩效目标；直接上级需提供反馈、指导和支持；人力资源部门负责制定和实施绩效管理制度；高层管理者需确保绩效管理与组织的战略目标一致。

绩效管理一般包括以下步骤：制定绩效计划；设定绩效目标；持续绩效辅导；绩效评估；反馈与调整；奖励与激励。这些步骤形成一个闭环系统，有助于提高员工和组织的绩效。随着技术的发展，未来的绩效管理可能会更加注重员工个人发展，将技能提升和职业发展作为评估的重要因素。此外，通过使用大数据和人工智能等新技术，组织可以更准确地分析员工表现并提供个性化的反馈。

李连魁

2024 年 6 月

目录
CONTENTS

第三篇　**绩效管理多维度示例**

第四篇　企业绩效管理未来展望

第一篇
绩效管理顶层设计

第一章

绩效管理的目的

1.1 战略目的

公司战略的概念：

- 从简单的角度来看，是公司的长远发展规划；
- 从细致的方向来看，是在财务方面、客户方面、内部流程方面、学习和成长方面应该怎么做；
- 从更高层次来讲，战略与公司愿景、使命、价值观相匹配。战略是公司由小变大的基础、必备条件。战略起到了指引公司发展方向的作用，也是公司最重要的资源。战略管理能力，也是公司最重要的一种能力。

战略规划是为了达成共识，为了以后大家都能遵从内心意愿去执行战略。

战略方向是为了组织去达成战略目标的一系列行动而给出的方向性指引。

从战略规划—战略解码—战略执行—战略评估，形成一套闭环的动态螺旋成长的机制。

战略解码就是让执行层理解战略并且找到和自己关系的过程，是实现从战略到战术的科学转化过程。战略解码的输出就是关键任务和依赖关系，只有任务才可以被科学管理起来。解码的最后要形成一份战略战术 ST 图，要把上级的战略与下级的战术进行有效的联结，要确保下级的关键任务能够有效支撑我们的上级战略。让每个人既能够各司其职，又能够整体有效联结。

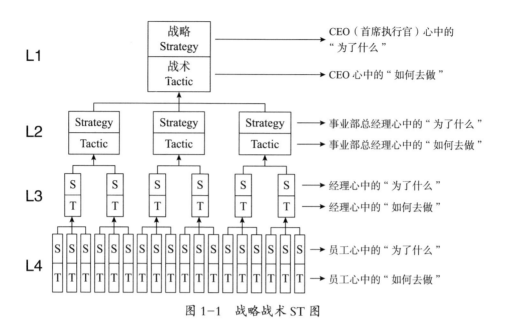

图 1-1　战略战术 ST 图

1.2　绩效目的

理论界对绩效的界定，目前有两种较为流行的观点：一是结果说，二是行为说。近来学者提出与绩效结果说和行为说不同的第三种观点，即能力与价值观绩效论。

持绩效结果说观点的学者认为，绩效作为结果主要包括财务结果和非财务结果，财务结果指企业的最终绩效通常表现为财务上的结果，如经营利润，资产收益等，这些指标在评价经营部门和员工绩效方面发挥了重要作用；非财务结果指与财务结果密切的，容易用数据来衡量的，通常可以转化为财务结果或者与实现财务结果具有同等重要意义的数字，如产品市场占有率，产品产量等。

绩效行为说则认为，绩效是员工在完成工作过程中表现的一系列行为特征，诸如工作能力、责任心、工作态度、协作意识等，过分地注重结果会忽视其他一些重要的程序因素和人际关系因素，而恰恰正是这些因素对工作的结果有着重要的影响，因此，那些与既定目标有关的行为本身就是绩效。

1.3　管理目的

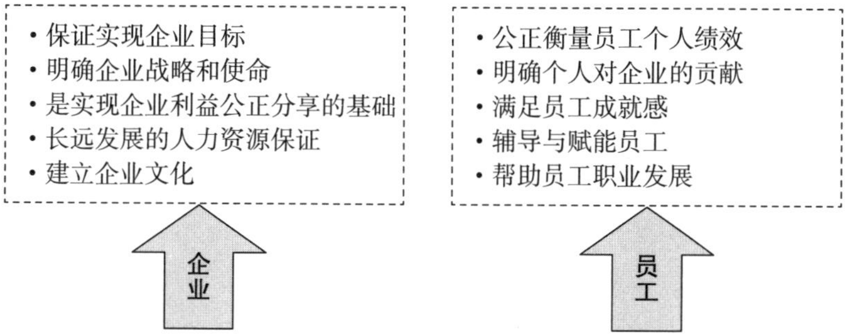

- 保证实现企业目标
- 明确企业战略和使命
- 是实现企业利益公正分享的基础
- 长远发展的人力资源保证
- 建立企业文化

- 公正衡量员工个人绩效
- 明确个人对企业的贡献
- 满足员工成就感
- 辅导与赋能员工
- 帮助员工职业发展

图 1-2　目标管理理论

20 世纪 50 年代，彼得·德鲁克在他的《管理的实践》一书中提出了目标管理理论，基本思想如下：企业的任务必须转化为目标，企业管理人员必须通过这些目标对下级进行指导，并以此来保证企业总目标的实现；目标管理是一种程序，使一个组织中的上下各级管理人员统一起来制定共同的目标，确定彼此的责任，并将此责任作为指导业务和衡量各自贡献的准则；每个管理人员或工人的分目标就是企业总目标对他的要求，同时也是这个企业管理人员或工人对企业总目标的贡献；管理人员和工人依据设定的目标进行自我管理，他们以所要达到的目标为依据，进行自我控制、自我指挥，而不是由他的上级来指挥和控制；企业管理人员对下级进行评估和奖惩也是依据这些分目标。

根据德鲁克的观点，管理必须遵循这样一个原则：每一项工作都必须为达到总目标而展开。目标管理是一种程序或过程，它使组织中的上下级一起协商，根据组织的使命确定一定时期内组织的总目标，由此决定上下级的责任和分目标，并把这些目标作为组织经营、考评和奖励的标准。目标管理的主要特点是以结果来评价员工绩效；上下级协商形成员工工作目标，并通过目标来进行考评，使作为评价者的上级与员工之间的敌对关系得到了缓和。当我们将目标管理思想运用于员工绩效考评时，一定要注意，当员工绩效不高时，究竟是系统、目标还是个人出了问题。如果是系统出了问题，我们应从流程入手；如果是目标出了问题，我们应及时地对目标进行修正；如果是员工出了问题，我们应加强沟通和反馈。

目标管理的最大优点在于以目标给人带来的自我控制力取代来自他人的支配式的管理控制方式，从而激发人的最大潜力，把事情办好，把工作做好。

目标管理有两个显著的特点，一是强调组织计划的系统性，二是强调目标制定过程本身的激励性。

典型的目标管理有如下 8 个步骤：

1. 制定组织的整体目标和战略；

2. 在经营单位和职能部门之间分配主要目标；

3. 单位管理者与其上司合作确定具体目标；

4. 在部门成员的合作下将具体目标落实到每位员工头上；

5. 管理者与下级共同制订计划并达成协议；

6. 实施行动计划；

7. 定期检查完成目标的进展情况，并向有关人员反馈结果；

8. 通过基于绩效的奖励强化目标的成功实现。

目标管理和绩效管理的关系：绩效管理的过程尤其是绩效计划阶段包含目标管理。目标管理的实施离不开绩效管理。目标管理不仅将目标作为一种激励的因素，也将目标作为员工考核的标准，进行目标管理就必然进行绩效管理，同时，目标管理理论无疑为绩效管理提供了可行性论证。

绩效管理体系的地位分析：

• 绩效管理体系是企业战略目标实现的重要支持手段；

• 绩效管理体系是人力资源管理系统的核心部分；

• 绩效管理体系为员工提供了一面有益的镜子。

【实战案例 1】

甲公司在 2009 年从 IBM（国际商业机器公司）引进了一套用于战略管理的方法论并打磨成 BLM（Business Leadership Model 业务领先模型）。该模型关键的流程大概有四个阶段，第一个阶段是战略的制定，第二个阶段是战略的解码，第三个阶段是战略的执行，第四个阶段是战略的复盘和迭代改进。战略的制定或者叫作战略的规划，是以差距为起点的。战略制定源于对现状的不满意。在 BLM 模型当中，将差距分为两种，一种叫作业绩差距，一种叫作机会差距，差距分析之后，就会进入战略制定的模块，战略制定模块主要的环节有市场洞察、战略意图以及创新焦点、业务设计。这是战略制定非常重要的四个模块。

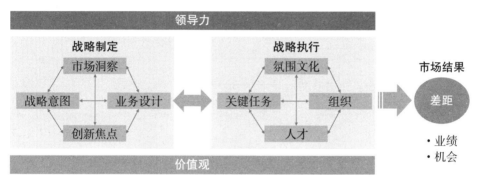

图 1-3　经过甲公司应用打磨的业务领先模型（BLM）

甲公司业务领先模型——战略模块包含：市场洞察、战略意图、业务设计、创新焦点四个方面。

1. 市场洞察

主要是了解客户需求、竞争者动向、技术的发展、市场的机遇和风险。目的是了解市场在发生什么，对公司意味着什么？

2. 业务设计

根据对外部的理解，利用内部能力和持续增加价值，为探索业务设计提供基础。包含六个方面：

- 客户选择：要选择什么样的客户；
- 价值主张：应该给客户提供什么样的价值；
- 价值获取：通过什么方式提高产品价值；
- 活动范围：在哪个层面进行竞争；
- 持续价值：提高客户感知；
- 风险管理：降低企业运行风险。

3. 战略意图

战略意图是指组织的发展方向和最终的目标，与公司的战略重点相一致。包含三个层面：

- 公司愿景，是公司 50—100 年的发展规划，是可持续的占优势业务地位的，有长期可持续的获利能力；
- 战略目标，是公司 5—10 年的发展规划，有效的、合理的、灵活的运营模式赢得现有市场的增长机会，同时保持快速适应市场变化的能力，主要指产品、服务、市场、客户、技术和时机把握；
- 近期目标，是公司 1—2 年的发展规划，指业绩可衡量的指标，包括利润、成长率、市场份额、客户满意度等方面。

4. 创新焦点

进行与市场同步的探索和实验，通过试点和深入与市场的实验，探索新方法谨慎进行投资和处理资源，应对行业变化。

第二章

绩效管理的认识

2.1 正确认识绩效管理

绩效管理（Performance Management）：通过设定具有挑战性的绩效目标、提供及时有效的辅导反馈、客观公正地评价员工绩效水平，并相应地认可高绩效人才、激励普通绩效员工、识别和管理低绩效员工，最终实现企业和员工共同发展的管理过程。

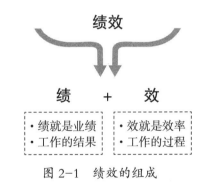

图 2-1　绩效的组成

绩效管理是一种用于评估员工工作表现以及组织目标完成情况的方法。绩效管理涉及制定目标、制定标准、实施评估和进行反馈，旨在通过提高员工工作效率和组织运营效率来提高整个组织的绩效。绩效管理可以使领导者和管理人员获得员工的意见和观点，同时员工也可以了解自己的工作表现情况，提高自我意识和工作动力。

绩效管理的作用和意义主要体现在以下几个方面：

• 目标一致性：绩效管理可以帮助员工和组织确立目标，明确期望和工作重点，确保员工的目标和组织的目标的一致性。

• 工作梳理清晰：绩效管理可以帮助员工梳理工作，确定优先级，减少无关紧要的事务，提高工作效率。

- 反馈与改进：绩效管理可以帮助组织了解员工的工作表现，及时为员工提供反馈和指导，通过识别和弥合员工的能力缺陷，提高员工工作的性能。
- 激励与奖励：绩效管理可以帮助组织评估员工的工作表现，为员工提供激励和奖励，激发员工的主动性和创造性，提高员工对组织的忠诚度和满意度。

2.2 企业绩效管理存在的问题

绩效管理是企业管理中不可或缺的一部分，它通过对员工绩效的评估、分析、指导和调整，达成企业战略目标的实现和员工自身职业发展的提升。然而，随着企业业务的不断拓展和加深，绩效管理工作也不可避免地面临着一系列问题。本节将深入分析绩效管理工作存在的问题及其原因，并提出相应的解决方案。

2.2.1 缺乏有效指标

绩效管理过程中，指标的制定是至关重要的环节。然而，当前一些企业在制定指标时存在"泛泛而谈"的现象，指标形同虚设，无法真正反映员工的实际工作情况，导致评估结果缺乏说服力。

原因分析：一方面，这与企业对绩效管理意义和目的的理解不充分有关，往往过于强调 KPI 指标，忽视了员工的行为和潜在能力；另一方面，这也反映了企业对岗位职责、工作目标和预期成果等细节方面的考虑不够周全。

解决方案：企业应该制定量化指标，倾向于以目标设置为导向。在确定目标时，要结合各部门和员工的实际情况因地制宜地设置，并通过定期监测、调整，保证目标的可执行性。

2.2.2 过度强调绩效结果

在一些企业中，绩效管理往往被视作文件、奖金、晋升等方面的衡量标准，员工绩效评估的结果往往只用来判断员工是否达到了企业设定的某些标准或预期结果，而忽视了员工平时的努力和行为，导致评价标准会过度偏向业绩结果，而忽视员工长期的绩效提升。

原因分析：这种情况大多是由于企业管理者忽视员工的满意度和幸福感，过度强调企业的整体发展和利润。

解决方案：为保持员工积极性，企业应将绩效管理作为引导员工个人发展和创造更高价值的手段，为员工提供更多绩效管理工具、资源和多元化的晋升通道。在制定核心指标时，应注重体现员工日常工作的质量、行为和潜力，促使员工自我激励，真正长期稳健发展。

2.2.3　评估不公

绩效管理工作中，仅有少数企业能够保证所有员工在评价过程中得到公正的评价，而大多数企业往往存在员工待遇不公和薪酬不合理的问题。这些问题直接影响着员工的积极性、士气和离职率。

原因分析：这主要涉及企业管理制度、绩效管理流程和管理人员能力的不足。由于考核标准不清晰，往往导致同样的行为和表现结果不同的情况。同时，一些管理人员也存在评估标准不公、量化指标设置不准确等问题。

解决方案：企业应建立公正、透明的绩效管理工作机制，通过多方面介入（如问卷调查等）获取员工对绩效评估的看法，尽量避免受员工个人主观偏见、评估标准模糊等问题的影响。如发现管理人员难以正当评估绩效时，企业应该增加评估标准的透明度，加强对匹配性和公平性的检查。

2.2.4　员工不够积极主动

在企业绩效管理工作中，一些员工有时会表达一些负面情绪，批评"只是一张纸"，往往缺乏积极性和长期发展的工作动力，导致绩效管理缺少可执行或实际意义。

原因分析：首先员工缺乏安全感、认同感和归属感，对绩效管理的理念、价值观不够明朗，不愿投入更多的精力；其次又与企业制度支持和培养的不足有关，对绩效管理过程不太理解或认为绩效评价的结果仅用于决定奖金而不是真正反映个人整体工作质量。

解决方案：企业应该在制定绩效管理机制时，加强与员工的交流和培训，全面表达绩效管理对员工及企业本身的价值，根据员工的职位和潜力制定出实际、可执行和期望的绩效管理目标。

在员工的发展中，管理者应充分发挥学习平台的作用，鼓励员工进行多样化调整，采用内部升级方式提高员工薪酬等，建立起奖惩明确的激励机制。

综上所述，企业绩效管理工作存在的问题是多方面、多角度和庞杂的，若想企业长期、健康发展，企业应该全面理解这些问题的本质及其原因，并在实际操作中采取适当的措施，才能更好地促进员工个人成长和企业的发展。

2.3　企业绩效管理的误区

在实践中，绩效管理可能会面临一些挑战和难点，这些挑战和难点往往会导致绩效管理的效果不佳。下面介绍一些常见的绩效管理误区以及相应的解决方案。

2.3.1　重视短期效益，忽略长期利益

有些组织在进行绩效管理时，过度强调短期效益，只注重当下的业绩和业务指标，而忽略了员工的长期职业生涯发展以及组织的长期利益。这样做虽然可以在短期内提高业绩表现，但从长期来看，却可能会导致员工的流失和业绩下降。

解决方案：在制定绩效管理制度和考核标准时，应该将员工的长期发展和组织的长期利益考虑进去。应该注重员工的职业规划和晋升机会，给予员工更多的培训和发展机会；同时，也应该注重团队的协同和共赢，建立持续发展的绩效管理机制。

2.3.2　注重量化指标，忽略质量和实效

有些组织在制定绩效管理指标时，过度依赖于量化指标，过于注重事务

性工作量，而忽略了员工的综合素质和实效考核。这样做虽然可以提高工作效率和业务指标，但可能会导致员工偏重于应付考核指标，忽略了工作的实际效果和质量。

解决方案：在制定绩效管理制度和考核标准时，应该将量化指标和质量、实效考核相结合，注重员工的实际工作成果以及员工的综合素质。应该通过目标设定、定期定量的绩效评价和反馈等方式来全面有效地评价员工的工作表现，同时为员工提供更加透明、公正和有力度的工作环境。

2.3.3 单向考核，忽略沟通与反馈

有些组织在进行绩效考核时，仅仅注重领导对员工的评价，忽略了员工对自己的评价和对领导的反馈。这样做可能会使员工感到被动和无助，甚至影响员工的工作积极性和自我改进能力。

解决方案：在进行绩效管理和评价时，应该建立起双向的沟通和反馈机制，充分听取员工的意见和反馈，让员工参与到绩效评估的过程中来。同时，领导者也应该注重对员工的指导和关注，提供反馈和建议，并及时解决员工的问题和困难。

2.3.4 推行绩效考核，忽略管理过程

有些组织在进行绩效管理时，过于强调绩效考核的结果，而忽略了整个绩效管理过程的重要性。这样做可能会使员工觉得受到过度限制和控制，甚至导致员工的反感和抵制。

解决方案：在推行绩效管理时，应该注重整个管理过程的重要性，让员工了解和理解绩效管理的目的和意义，建立和优化绩效管理的流程和机制，采用有效的管理方式和方法，提高员工对组织的归属感和认同感。

绩效管理是组织管理中的一项重要技术活动，它的实施与效果直接关系到组织的运作效率和管理绩效。在实践中，我们需要认识到常见的绩效管理误区，积极采取有效的解决方案，使绩效管理在实际应用中发挥出更大的价值和作用。

2.4 绩效管理工作中的角色分工

2.4.1 高层领导的支持与参与

指明公司的战略方向，强调公司要发挥的优势，指出公司要弥补的短板，提供绩效管理的建议。

2.4.2 HR 经理的角色分工

- 开发绩效管理系统；
- 为评估者及被评估者提供培训指导；
- 监督和评价系统的实施；
- 规划员工发展。

2.4.3 直线经理的角色分工

- 设定绩效目标；
- 提供绩效反馈；
- 面谈与评估；
- 规划员工发展。

【实战案例 2】

表 2-1　某集团公司绩效管理角色与职责分工

岗　位	角　色	主要职责
总经理	绩效管理重大事项的决策者	1. 审批公司绩效管理办法 2. 将董事会的绩效目标分解到各业务副总 3. 审批职能总部的绩效合约 4. 审批业务部门负责人的绩效合约 5. 对工作业绩指标的目标值进行定期回顾和调整 6. 确定部门副总经理（含）以上人员的能力要求 7. 对部门副总经理（含）以上管理者的绩效申诉进行处理 8. 审批公司副总经理（含）以下人员的奖金分配办法

续表

岗　位	角　色	主要职责
副总经理	业务领域内绩效管理的负责人	1. 传递公司对部门绩效的要求和期望，在充分沟通的基础上，与所管理部门的负责人，制定并签署绩效合约 2. 对所管理部门副总经理以下人员的绩效申诉进行处理
员工的直接上级	绩效管理的具体执行者	1. 与直接下属制定并签署绩效合约，并进行持续的绩效沟通 2. 评估直接下属的绩效，协调和解决其在评估中出现的问题 3. 向直接下属提供绩效反馈，并指导其改进绩效 4. 向人力资源总部反馈直接下属对公司绩效管理体系的意见 5. 根据绩效评估结果和公司人事政策作出职权范围内的人事建议或决策
员工	绩效管理的具体落实者	1. 充分理解和认识绩效管理体系 2. 与直接上级沟通确定绩效计划，签署绩效合约 3. 以良好的心态与直接上级进行绩效沟通 4. 既要肯定自己的优势，也要积极面对绩效实施过程中的不足，并努力提升自身能力，争取更好绩效
人力资源部	绩效管理的组织机构	1. 改进完善公司的绩效管理体系 2. 提供绩效管理培训，明确绩效管理流程，设计并提供绩效管理工具和表格（包括各级管理者的能力评估表） 3. 组织业务部门和职能总部负责人的工作业绩考核工作 4. 组织部门副总经理（含）以上管理者的能力考核工作；组织职能总部副总经理以下管理者的能力考核工作 5. 为部门副总经理（含）以上管理者确定能力考核中的各类评价者 6. 收集各种考评信息、数据，汇总并统计绩效考核结果 7. 根据评估结果和公司人事政策，向决策者提供人事决策依据和建议 8. 负责员工绩效投诉的受理和调查，并将调查结果提供给副总裁或总经理决策
业务部门	部门内绩效实施的组织机构	1. 依据人力资源总部的绩效考核工作安排和计划要求，组织实施本部门内设部门和员工的工作业绩考核 2. 依据人力资源总部提供的副总经理以下管理者的能力评估表，组织实施本部门内副总经理以下管理者的能力考核 3. 及时收集各种考评信息、数据，汇总并统计绩效考核结果 4. 向人力资源总部提供本部门内设部门和员工的绩效考核结果
财务部	考核数据的提供机构	1. 负责绩效目标设定的相关信息、数据的分析和提供 2. 负责提供相关绩效指标实际完成情况的数据

第二篇

基于"Object 模型"的绩效管理

作者根据多年的绩效实践，总结了一套"Object 绩效模型"，主要研究组织如何通过合理配置组织管理资源，激发、引导和约束组织成员的行为，实现组织制度化和个性化之间的平衡，达成组织目标和个人目标的一致。

第一步，以战略定绩效体系：战略解码牵引 Origination（起始）；

第二步，以体系定绩效维度：建平衡计分卡 Balance（平衡）；

第三步，以维度定绩效指标：事前达成共识 Joiner（参加者）；

第四步，以指标定绩效实施：事中跟踪纠偏 Execute（执行）；

第五步，以实施定绩效结果：事后复盘优化 Conclusion（总结）；

第六步，以结果定绩效应用：薪酬晋升培养 Transition（转变）。

每一步英文单词的首字母，巧妙地构成"Object"，即目标设定与绩效管理。

第三章

以战略定绩效体系——公司战略解码

战略解码就是将战略制定的相关目标和要求，按照一定的结构化来分解到每一个层面的负责人身上。也就是说，战略解码就是将战略制定的内容分解给每一个人，而且是上下互相支撑、互相分解的一个过程，让企业实现战略目标，做到力出一孔，利出一孔。

很多企业因为没有战略规划，或者说没有战略解码，就匆匆忙忙地去做战略执行，往往发现执行一段时间之后会有大量的争议，包括执行中高层希望员工往东走，但是很多员工往西走，并没有做到力出一孔，那么原因是什么呢？是因为战略制定模糊，还是因为解码得不够清楚，分解的一些关键的动作，包括相关的绩效指标不对？抑或因为在给员工压担子的过程中（提目标、提挑战的过程中）并没有考虑到员工的自身利益？我们讲的利出一孔，就是要考虑企业的战略目标和员工的利益能不能达成双赢，战略解码解决的问题就是全员要力出一孔，利出一孔，目标要聚焦，大家要一起来发力。从这个角度来看，战略解码是非常关键的。战略解码的质量，往往决定着战略执行的质量。如果做一个百分比的划分，把战略制定、战略解码、战略执行和战略复盘和迭代改进这四个步骤当作100%。那么，战略解码可能要花费20%—30%的时间占比，将来解码的分量会更大，占比可能会达到50%左右。战略执行和战略复盘和迭代改进，可能是另外的20%—30%。所以，我们一定要在战略执行之前通过战略制定和战略解码，投入足够的时间来确保后面的战略执行的质量。

作者在服务企业客户时，多次听到个人绩效完成了、组织绩效却没有完成，可谓"富了和尚穷了庙"，这些都来源于企业内部缺乏目标认同。想要解决目标认同的难题，建议企业开展战略共识研讨会。战略共识研讨会在公司层面召开，旨在了解公司战略方向和价值定位，并在总结成功的经营和管理经验基础上，明确公司未来发展目标的探讨性会议。在实践中，聚焦于对战略达成共识，结合企业实际情况，研讨会八个方面分别是：市场机会、自身优势、企业愿景、明确战略、分析差距、关键举措、明确指标、指标分解。

图 3-1　战略共识研讨会的八个方面内容

3.1　战略解码——市场机会

乌卡时代（VUCA）[1]，企业需要在变化中抓住机会，这使外部市场洞察越发重要。因此战略共识研讨会首先是向外看，通过对宏观环境、产业环境的分析，洞察市场目前大小、集中度格局与成长潜力，以此确定本公司是否要进入该行业，以及在进入行业后是否有利可图。其核心在于让中高管对外部环境进行分析、研讨，收集不同视角的意见，最终达成统一的认识。建议做好以下"四看"：

表 3-1　"四看"的具体内容

四　看	具体内容
看行业趋势	政治、经济、文化、社会等方面的变化趋势，对企业未来的影响是什么
看市场 / 客户	客户是谁，客户买什么？需求是什么
看竞争	我们的竞争对手会有什么样的发展战略，它的定位是什么
看机会	我们在客户领域有什么样的投资机会

市场洞察就是了解客户需求、竞争者的动向、技术的发展和市场经济状况以找到机遇和规避风险，目标是：解释市场上正在发生什么以及这些改变对公司来说意味着什么？

PEST 分析模型（政治、经济、社会和技术分析）是一种常用的工具，帮助企业全面评估外部环境的影响因素。建议从以下各方向找外部专家进行分析：

---

[1]　乌卡时代（VUCA）：是 Volatile、Uncertain、Complex、Ambiguous 首字母的缩写。四个单词分别是易变不稳定、不确定、复杂、模糊的意思。

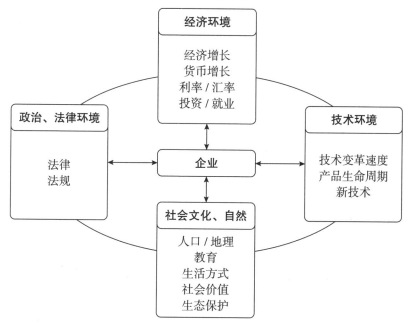

图 3-2 PEST 分析模型

3.2 战略解码——自身优势

发现优势环节的核心，是通过共创的方式，找出本公司在哪一方面相较于竞争对手更为突出，能够创造超出竞争对手的收益。中高层管理者通过研讨的方式共同寻找出企业优势，能够帮助中高层管理者树立对公司未来持续发展的信心，从而激发持续奋斗的事业雄心。结合企业实际，自身优势包括但不限于以下几个方面：

表 3-2 企业自身优势分析

序 号	优 势	具体描述
1	品牌优势	持续 N 年的品牌影响力
2	管理优势	完善的管理体系
3	团队优势	丰富行业经验的精英团队
4	渠道优势	广泛优质的渠道资源

3.3　战略解码——企业愿景

愿景，也叫远景，就是按照使命去做，公司十年后要干成什么样子，后面还会有三年规划，每年 1—3 件事去支撑这个愿望。愿景描述，不仅要有数字，还要有画面感，越清晰越形象，越能激励人。愿景可大可小，关键要让自己对愿景心生向往，自己信别人才会信。

公司是干什么的，以及为什么要干；我们要干的这一件事情，是一件很有意义、很有价值的事情，是值得我们花 10 年、20 年甚至一辈子的时间去完成的。

- 晚上睡觉想着，早上起床就去干；
- 为客户服务，还是为金钱服务；
- 使命要让员工、供应商、客户搞懂，能让他们眼里有光；
- 使命是用来招人的，招那些和我们志同道合的人。

【实战案例 3】

企业共启愿景实操方法：

1. 描述你公司十年愿景：这个愿景到哪一年？是否有数字？这个愿景是否切实可行（跳起来够得着吗）？

2. 如何向员工、客户宣讲公司的十年愿景？他们听了之后感受是怎样的？眼里有光吗？

3. 可以用公司的愿景招人吗？好用吗？

4. 公司的愿景对大家的日常工作有指导和激励作用吗？好用吗？

3.4　战略解码——明确战略

企业战略定位三要素是：目标客户定位、产品定位、商业模式定位。

（1）目标客户定位：为哪些客户提供产品和服务？这是企业如何选择目标

客户群的问题。

（2）产品定位：为目标客户群提供什么产品和服务？就是企业设计、创造和交付什么产品和服务的问题。具体来讲，就是将公司的产品形象、品牌等在预期消费者的头脑中占据有利的位置。

（3）商业模式定位：通过什么方式和途径为目标客户群提供产品和服务？这是企业如何设计、创造和交付产品和服务的问题。

【实战案例 4 】

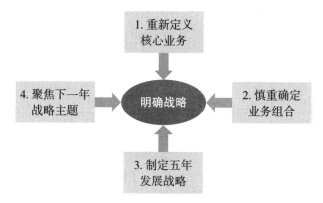

图 3-3　明确战略实操方法

3.4.1　重新定义核心业务

表 3-3　核心业务思考点

序　号	思考点
1	业务范围是稳定的还是变化的
2	哪些领域是该不惜一切代价去保护的
3	哪些领域不具有战略性地位
4	哪些领域未来可能产生利润
5	哪些领域利润可能减少
6	企业差异化能力和赢得竞争能力的真正源泉是什么
7	为了适应未来的竞争，公司核心能力需做怎样的变化

3.4.2 慎重确定业务组合

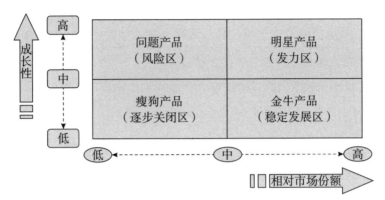

图 3-4 确定业务组合

3.4.3 制定五年发展战略

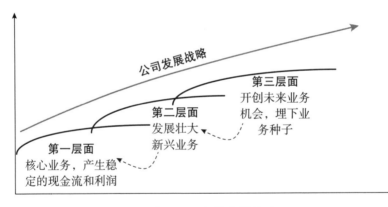

图 3-5 公司发展战略

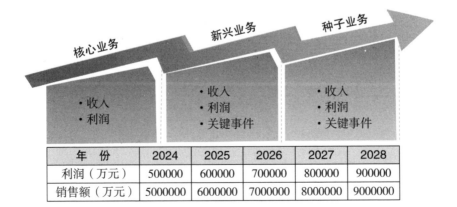

年 份	2024	2025	2026	2027	2028
利润（万元）	500000	600000	700000	800000	900000
销售额（万元）	5000000	6000000	7000000	8000000	9000000

图 3-6 发展战略示例

3.4.4　聚焦下一年战略主题

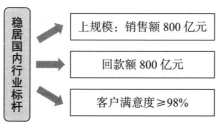

图 3-7　下一年的战略主题

3.5　战略解码——分析差距

战略共识研讨会第五步是寻找差距，审视企业现状与战略目标之间的差距，为制定战略举措提供方向。为了快速准确地找到差距，建议运用"头脑风暴法"来帮助推进此过程。为了避免个别人控制会议，让所有小组成员在规定的时间内独立思考并记录下自己的观点，然后轮流依次发言，直到穷尽所有的观点。由于其无限穷尽的特点，团队会产生大量的信息和观点。明确关键差距，识别其根本原因，并提出未来提升建议和方案，为关键任务提供切入点。

企业寻找差距可以从以下 8 个方面切入：

表 3-4　公司差距分析切入点

人才管理	市场推广	内部流程	核心产品	客户服务	部门协作	企业文化	技术体系
结构不合理	包装不精美	监督不力	缺少通用产品	满意度不高	部门壁垒	缺少工匠精神	研发团队弱
流动性大	知名度不高	流程烦琐	成熟产品少	专业能力弱	凝聚力弱	办公环境差	
复合人才缺	开拓力不足	会议多	稳定性差	可控性弱	协作性差		
缺少狼性	广度不够	执行不力	高利产品少	转化率低			
积极性不高	方向不清晰	紧急事项	储备产品少				
培训不完善	思路不明确	协调性差					
缺少内训师	平台待开发						
缺少大师							

3.6 战略解码——关键举措

在明确战略目标与现状的差距后，我们就要进行关键举措的制定。完成这一步需要绘制公司的"战略地图"，而这一步中用到的工具则是"平衡计分卡"。平衡计分卡强调四项内容的平衡：财务指标和非财务指标的平衡；组织内外的平衡；超前指标和滞后指标的平衡；长期目标和短期目标的平衡。借助平衡计分卡，能够将战略地图中的举措分解成可衡量的目标，明确各个部门指标、目标值及行动方案。举例：就核心产品净利润增长一倍从财务层面、客户层面、内部运营、学习成长四个层面找措施。（关于平衡计分卡的建立与应用，后续章节专门详细阐述）

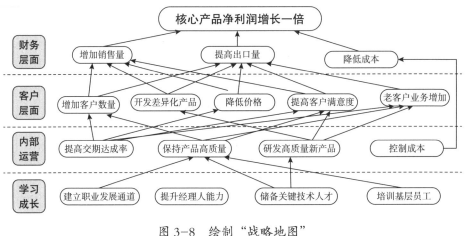

图 3-8 绘制"战略地图"

3.7 战略解码——确定指标

在确定指标环节，主要围绕战略地图的年度战略举措，细分出关键绩效指标。制定关键绩效指标，需符合 SMART 原则，使指标具体（Specific）、可度量（Measurable）、可实现（Attainable）、与职责相关（Relevant）、有时限

（Time bound），使其能够被有效衡量落地。

同时，在分解关键绩效指标时，为聚焦企业战略目标的实现，我们往往会将关键绩效指标控制在 8 个以内，选取对业绩目标实现影响较大的关键指标作为年度公司级关键绩效指标。

表 3-5 关键绩效指标选取

维 度	序号	战略举措	评价指标名称	目标值
财务层面	1	营业收入	年营业收入	800 亿元
	2	净利润	年净利润	80 亿元
客户层面	3	提高客户满意度	每月客户投诉件数	＜ 1 件
	4	提高客户交货及时率	客户交货及时率	100%
内部运营	5	提高产品合格率	质量成本损失	≤ 0.3%
	6	提升库存周转率	库存周转率	≥ 6%
学习成长	7	复合型人才培养	全年人均培训课时	24h / 人 / 年
	8	贯彻企业文化	公司级文化大讲堂	1 次 / 季度

3.8 战略解码——指标分解

指标分解就是把上一环节确定的企业整体指标分解到每一个部门。根据部门职责和内部流程，企业可以按照指标分解方法（直接承接，对完成任务起重大关键作用；间接承接，需高度密切配合）将指标分解到每个部门。这一环节会承接各部门绩效责任书的确定，是承上启下、必不可少的一环。

表 3-6　指标分解示例

维度	编号	指标名称	指标定义	指标类型	目标值	权重%	计分规则	数据来源	备注
财务层面	1	营业收入	营业收入总额	数量时间	全年目标5亿元	15	达到得满分，高于或低于按实际比例计分，低于70%本项不得分	财务部	
	2	净现金流与净利润比值	净现金流/净利润×100%	数量	≥75%	10	达到得满分，高于或低于按实际比例计分，低于70%本项不得分	财务部	
客户层面	3	验收不合格率	验收不合格的合同额/全年营业收入	质量	≤1%	10	0：120分，≤1%：100分，>5%：0分	销售部	
内部运营	4	新技术开发数量	新技术开发数量	数量	≥5	20	≥5：100分，<2：0分，其他按比例计分	项目管理部	
	5	新技术应用推广数量	新技术应用推广数量	数量	≥3	30	≥3：100分，<1：1分，其他按比例计分	项目管理部	
学习成长	6	全年人均培训课时	参与内外部培训课程的平均课时且达标数	数量质量	24h/人/年	15	每少一次扣1分	人力资源部	
加分项							否决项		
权重合计						100			
被考核人签字							考核人签字		
日　期							日　期		

根据业务设计的要求重新全面思考调整影响执行的各个要素，才能使战略不是纸上谈兵，而是切实保证组织的长短期收益与持续稳定的发展。

【实战案例5】

图 3-9　甲公司战略解码架构

企业经营要想成功，战略和执行力缺一不可。执行力是什么？它是各级组织将战略付诸实施的能力，反映战略方案和目标的贯彻程度。许多企业虽然有好的战略，但因为缺少执行力，而最终失败。

【实战案例6】

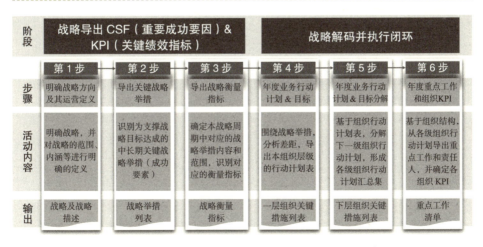

图 3-10　解码工具：BEM（业务执行力模型）六步法

在企业管理中，企业获得持续成功的关键在于战略正确，即在"做什么、怎么做、为什么做、什么时候做"中有着一套科学的逻辑与思考。

第四章

以体系定绩效维度——建平衡计分卡

平衡计分卡也叫"综合计分卡"，由诺顿和卡普兰在对美国12家绩效管理成绩卓著的公司进行研究之后，提出的一种战略性绩效管理系统和方法。平衡计分卡包括财务指标和非财务指标。通过在不同类别中综合考虑这些指标，可以确保企业不仅关注于过去的财务结果，更着重于企业的业务战略和未来的绩效。

4.1　平衡计分卡的成功取决于其简洁性

平衡计分卡的指标体系包括四个方面，从四个角度解释企业在发展中所需要满足的四个因素，并通过适当的管理和评估促进企业发展。其内容如图4-1所示：

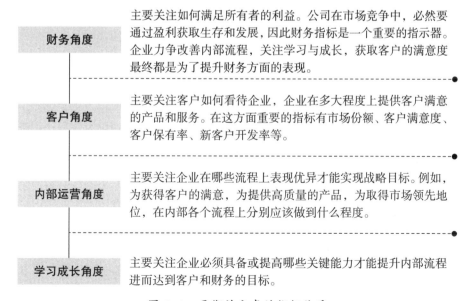

图 4-1　平衡计分卡的指标体系

4.2　平衡计分卡四个方面的因果逻辑关联

平衡计分卡中的每一项指标都是一系列因果关系中的一环，既是结果又是驱动因素，通过它们把相关部门的目标同组织战略联系在一起。员工的技术素质和管理素质决定产品质量和销售业绩等；产品 / 服务质量决定顾客满意度和忠诚度；顾客满意度和忠诚度及产品 / 服务质量等决定财务状况和市场份额。为提高经营成果，必须使产品或服务赢得顾客的信赖；要赢得顾客的信赖，必须提供顾客满意的产品，改进内部生产过程；要改进内部生产过程，必须对职工进行培训，开发新的信息系统。

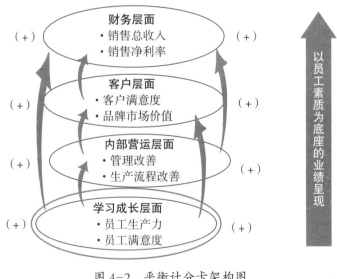

图 4-2　平衡计分卡架构图

4.3　平衡计分卡何谓平衡

平衡计分卡作为战略性的绩效管理工具，主要有以下几个方面的特点：

第一，平衡计分卡克服了传统财务指标衡量企业业绩的不足。传统的企业业绩衡量主要依赖于财务指标，这种方法有不足之处：可能造成下属单位一味追求财务指标的提高，而忽略了非财务指标对企业的发展特别是企业长期发展的重要性。

第二，财务指标是一种滞后指标，不利于企业事前控制。平衡计分卡继承了传统财务指标的优势，并补充了客户、内部经营过程、学习和成长三个方面的非财务指标，对企业的业绩评价更加全面和具体，并从根本上大大提高了企业的竞争能力。

第三，平衡计分卡与企业的战略管理相结合，能有效推动战略实施。平衡计分卡从企业的战略目标出发，把企业抽象的战略转化为具体可执行的目标和一系列业绩衡量指标。利用衡量结果把企业当前和未来成功的关键因素告知企业员工，并通过阐明企业想要获得的结果和获得这些结果的必然因素，充分调动员工的能力和集体智慧来实现企业长期目标，把战略目标分解成可操作的分目标和具体目标，以便于评价和控制。

第四，平衡计分卡平衡了企业各个利益相关者的不同要求。由于不同利益相关者的目标和要求不同，组织要在这些相互矛盾和竞争的不同要求之间进行平衡。平衡计分卡在将公司使命和战略转化为具体的目标和业绩指标时，也平衡了公司各利益关系人之间的不同要求。

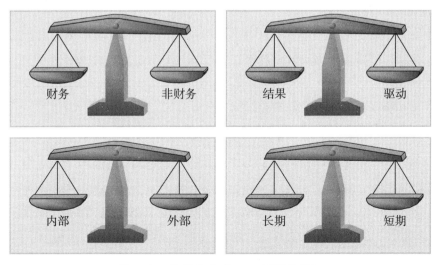

图 4-3　平衡计分卡——何谓平衡？

平衡计分卡所强调的平衡，不是平均主义，也不是为了平衡而平衡，而是一种有效平衡。这种有效平衡是指在战略的指导下，组织通过平衡计分卡各层面内部以及各层面之间的目标组合和目标因果关系链，合理设计和组合财务与非财务、长期与短期、外部群体与内部群体、客观与主观判断、前置与滞后等不同类型的目标和指标，以实现组织内外部各方力量和利益的有效平衡。

（1）财务指标与非财务指标的平衡。为了弥补传统业绩衡量模式单纯依赖财务绩效指标的局限性，平衡计分卡引入了客户、内部业务流程、人力资源、信息管理、组织发展等方面的非财务指标，对组织绩效进行综合评价，这是平衡计分卡的基本特征。

（2）长期目标与短期目标的平衡。组织的主要目标是创造持续增长的长期价值，它意味着一种长期承诺，但是组织必须同时创造出较高的短期业绩。当市场竞争加剧而组织可利用的资源相对短缺时，管理上的短视行为和"寅吃卯粮"的现象时有发生，也就是说，员工之间的人际沟通和工作协调，以及员工个人的职业发展、公平感受和组织承诺等都会影响组织发展。平衡计分卡认识到了在实施战略的过程中有效平衡这些群体的利益的重要性。

（3）结果指标与驱动因素指标的平衡。由于传统业绩衡量模式偏重于从财务数据上考察员工个人的工作成效和组织的整体经营成果，因此目标管理、关键绩效指标等以往的绩效管理工具在指标设计和权重分配上都强调可量化性，倾向于选择定量指标并给这些指标赋予较高权重，这样难免忽略一些十分重要的定性指标。而平衡计分卡所倡导的绩效评价指标体系，不仅包括能够即时获取客观数据的财务类指标，还纳入了客户、流程以及无形资产方面的指标。这些指标，尤其是关于无形资产的衡量指标，管理者常常难以根据单一数据对其作出准确判断，而更多地依赖于亲身体验、主观感受和经验判断。

4.4 平衡计分卡与 KPI 的区别

KPI 指关键绩效指标考核法。KPI 考评首先是一种管理思想，其次是一种人才激励策略，最后是一种绩效监控手段，是靠整个绩效管理体系的科学性来支撑的，而不是靠算分运动"算"出来的。

BSC 即平衡计分卡（Balanced Score Card），是常见的绩效考核方式之一。BSC 是从财务、客户、内部运营、学习成长四个角度，将组织的战略落实为可操作的衡量指标和目标值的一种新型绩效管理体系。

BSC 更侧重于战略落地，更加强调学习成长/过程/客户/财务指标的平衡性（就像是流水线的 4 个工站，这 4 点完全平衡的话理论上效率是最高的），比较适合中高层的考核；而 KPI 直接是关键绩效指标，强调了想要的结果，并没有 BSC 那样平衡，更适合中层和基层人员的考核。

表 4-1 KPI 与 BSC 对比

比 较	KPI	BSC
不同点	1. KPI 根据各种方法分析、寻找影响绩效的主要因素，各 KPI 之间不存在明显的逻辑关系，它们是总目标的组成部分。 2. 不同 KPI 分解出的指标之间并没有逻辑关系。	1. BSC 将通向总目标的绩效指标划分为不同的板块，不同的板块之间具有明确的因果支撑关系，形成了一个绩效发展循环。 2. BSC 各个指标之间实际是一个因果关系的链条，它们相互支持、依赖，具有逻辑关系。
相同点	是一种整体性的绩效管理系统，从企业的战略出发，寻找衡量指标，设定目标，掌控行动。	

4.5 平衡计分卡绩效考评通用指标库

表 4-2 财务指标

指标类别		指标名称	指标定义 / 计算公式
偿债能力指标	1	流动比率	流动资产 ÷ 流动负债 ×100%
	2	速动比率	（流动资产总额 – 存货）÷ 流动负债总额 ×100%
	3	现金比率	现金 ÷ 流动负债 ×100%
	4	资产负债率	负债 ÷ 资产 ×100%
	5	有形资产负债率	负债 ÷（股东权益 – 无形资产净值）×100%
	6	产权比率	负债 ÷ 所有者权益
	7	利息保障倍数	（利润总额 + 利息费用）÷ 利息费用
	8	现金流动负债比	年经营活动现金净流量 ÷ 期末流动负债
	9	股东权益比	（股东权益 ÷ 净资产）×100%
	10	营运资本	流动资产 – 流动负债
经营能力指标	1	应收账款周转率	销售收入净额 ÷ 应收账款平均余额
	2	应收账款周转天数	计算期天数 ÷ 应收账款周转率
	3	存货周转率	销货成本 ÷ 平均存货
	4	存货周转天数	计算期天数 ÷ 存货周转率
	5	流动资产周转率	销售收入 ÷ 平均流动资产
	6	总资产周转率	销售收入 ÷ 平均总资产
盈利能力指标	1	销售净利润率	净利润 ÷ 销售收入净额
	2	资产净利润率	净利润 ÷ 平均资产总额
	3	实收资本利润率	净利润 ÷ 实收资本
	4	净资产利润率	净利润 ÷ 平均所有者权益
	5	基本获利率	息税前利润 ÷ 平均资产总额
	6	每股收益	净利润 ÷ 发行在外的普通股加权平均数
	7	每股股利	普通股股利总额 ÷ 普通股股数
	8	市盈率	每股价格 ÷ 每股收益

续表

指标类别		指标名称	指标定义 / 计算公式
成长能力指标	1	销售收入增长率	本期销售收入增长额 ÷ 上期销售收入 ×100%
	2	资本保值增值率	本期所有者权益净额 ÷ 上期有效所有者权益净额 ×100%
	3	总资产增长率	本期总资产增长额 ÷ 上期有效总资产 ×100%
	4	利润增长率	本期利润增长额 ÷ 上期利润总额 ×100%
	5	净利润增长率	本期净利润增长额 ÷ 上期净利润 ×100%
	6	流动资产增长率	本期流动资产增长额 ÷ 上期流动资产 ×100%

表 4-3 客户指标

序号	指标名称	指标定义 / 计算公式
1	市场份额	销售收入行业销售总额 ×100%
2	销售计划达成率	实际销售额 ÷ 计划销售额 ×100%
3	销售增长率	本期销售增加额 ÷ 上期末销售额 ×100%
4	新产品开发目标达成率	实际完成开发数 ÷ 计划开发数 ×100%
5	老客户销售额比例	老客户销售收入 ÷ 总销售收入 ×100%
6	新客户销售额比例	新客户销售收入 ÷ 总销售收入 ×100%
7	大客户销售额比例	大客户销售收入 ÷ 总销售收入 ×100%
8	客户平均利润贡献率	净利润 ÷ 客户数
9	客户满意度	客户满意度调研
10	客户流失率	流失客户数量 ÷ 客户总数 ×100%
11	客户拜访任务完成率	实际拜访客户数量 ÷ 计划拜访客户数量 ×100%
12	销售合同按期履约率	未按期履约合同金额 ÷ 应按期履约合同金额 ×100%
13	客户反馈响应度	当期解决的客户反映问题数 ÷ 客户反映问题总数 ×100%
14	品牌认知度	由第三方调查机构提供
15	广告投放计划执行率	（广告实际投放次数 – 计划投放次数）÷ 计划投放次数 ×100%
16	市场活动目标达成率	（实际指标 – 计划指标）÷ 计划指标 ×100%

表 4-4　内部流程指标

指标类别		指标名称	指标定义 / 计算公式
质量	1	原料质量一次达标率	一次达标的原料数量 ÷ 原料总采购量 ×100%
	2	质量合格率	合格产品数量 ÷ 总产量 ×100%
	3	返工率	返工数量 ÷ 总产量 ×100%
	4	退货率	退货数量 ÷ 售出产品数量 ×100%
成本控制	1	单位产品成本	总成本 ÷ 产品数量 ×100%
	2	原材料次品率	次品数 ÷ 原材料数 ×100%
	3	平均成本差额	对标差额
	4	成本节约目标达成率	实际节约数 ÷ 计划节约数 ×100%
效率	1	原材料采购计划完成率	实际采购数 ÷ 计划采购数 ×100%
	2	产品供货周期	产品从确立订单到交货时间
	3	生产能力利用系数	投入生产的资产 ÷ 可用于生产的资产总额 × 100%
	4	研发周期	研发从立项到结束的时间
	5	固定资产利用率	销售收入 ÷ 固定资产净值 ×100%
创新	1	新产品开发上市数量	
	2	获得国家专利数量	
	3	新产品计划销售达成率	新产品销售数 ÷ 计划销售数 ×100%
	4	新产品利润贡献率	新产品利润贡献额 ÷ 产品利润贡献总额 × 100%
制度化建设	1	管控体系建设计划完成率	
	2	制度化建设计划完成率	

表 4-5　学习与发展指标

指标类别		指标名称	指标定义 / 计算公式
学习	1	培训覆盖率	参加培训人数 ÷ 员工总数 ×100%
	2	员工年均培训时间	参加培训的员工时间之和 ÷ 参与员工人数 ×100%
	3	员工培训费比率	实际培训支出 ÷ 销售额 ×100%
	4	员工流失率	员工流失数 ÷ 同期员工平均数 ×100%
	5	员工培训满意度	
	6	达标员工上岗率	达标员工上岗数 ÷ 在岗员工总数 ×100%

续表

指标类别		指标名称	指标定义 / 计算公式
发展	1	技术与产品储备度	
	2	员工改善提案数量	
	3	创新建议采纳率	被采纳建议数 ÷ 建议总数 ×100%

【实战案例7】

下面是一个销售型食品公司应用平衡计分卡的实例，该公司通过产品销售在过去四年里实现了飞速增长。他们的产品定位是高端市场、高价格、高质量。通过努力，公司在第三年实现持平，第四年开始盈利。

公司面临的挑战非常大，竞争对手生产和他们相类似的产品，质量也不差，而且价格低很多。很显然如果公司再不制定一个有效的策略来应对竞争，公司现有产品的增长将会放慢。

一方面，高级管理层意识到销售自己的核心产品对公司保持成功很重要，公司需要降低报价以保持市场竞争力，同时需要降低运作成本以保证利润率。另一方面，管理层也清醒地知道打价格战并不能使公司取得长期成功，关键要有新产品，生产出竞争对手不能提供的产品。

至此，管理层开展战略研讨会达成共识，形成了一个比较清晰的战略地图：

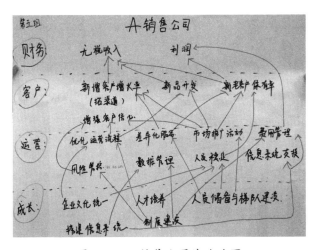

图4-4 A销售公司战略地图

然而，新战略出台六个月后，管理层没有看到任何成本降低或产品开发方面的成果：一项重要的新产品开发周期被延后了，成本和去年同期相比上升了。到底哪里不对呢？

【问题与分析】

高级管理层继续研讨，找出了以下一些比较重要的问题：

1. 新战略没有在组织内清晰地传达给每一个人；

2. 没有具体的实施计划；

3. 一些主管对战略的执行没有全力投入，因为他们要忙于救火：处理销售和日常管理事务；

4. 公司的绩效标准和目标没有和战略紧密联结；

5. 缺少一个有效的绩效考评系统来跟踪考察目标绩效；

6. 员工不知道他们哪些地方需要改变；

7. 没有一个有效的绩效评价体系来跟踪纠偏。

于是开展战略研讨会，会上明确了企业的愿景及行动策略，明确了公司的战略以后，我们和高级管理层一起运用以下框架制定了公司的平衡计分卡：

表 4-6　A 销售公司 6 月绩效目标责任书（第 6 组）

维度	编号	指标名称	指标定义	指标类型	目标值	权重（%）	计分规则	数据来源	备注
财务	1	不含税销售收入	不含税营业收入总和	数量、时间	6 月无税销售指标 7000 万元	20	按照完成率进行考核，完成率 = 实际完成 / 计划完成 × 100%。 1. 完成率 ≥ 150%，得分 = 权重 ×1.5； 2. 90% ≤ 完成率 <150%，得分 = 权重 × 完成率； 3. 85% ≤ 完成率 <90%，得分 = 权重 ×60%； 4. 80% ≤ 完成率 <85%，得分 = 权重 ×50%； 5. 完成率 <80%，得分为 0	财务	

续表

维度	编号	指标名称	指标定义	指标类型	目标值	权重（%）	计分规则	数据来源	备注
财务	2	利润	净利润总额	数量、时间	6月利润指标2000万元	20	按照完成率进行考核，完成率＝实际完成/计划完成×100%。 1. 完成率≥150%，得分＝权重×1.5； 2. 90%≤完成率<150%，得分＝权重×完成率； 3. 85%≤完成率<90%，得分＝权重×60%； 4. 80%≤完成率<85%，得分＝权重×50%； 5. 完成率<80%，得分为0	财务	
客户	3	重点客户连锁协议达成	月度达成/协议指标	数量、时间	6月协议指标达成率100%	15	1. 实际完成较目标值每增加1%加1.5分，增加分值最高不超过6分； 2. 实际完成较目标值每降低1%减1.5分； 3. 实际完成低于目标值90%，该项得分为0	CRM系统	
	4	新品铺货率	新品在销终端/当月目标终端	数量、时间	6月铺货率达成10%	10	1. 实际完成较目标值每增加1%加1分，增加分值最高不超过4分； 2. 实际完成较目标值每降低1%减1分； 3. 实际完成低于目标值90%，该项得分为0	CRM系统	从6月开始铺货
	5	新客户开发完成率	新增终端客户/当月目标终端	数量、时间	6月新增目标终端开发完成率100%	10	1. 实际完成较目标值每增加1%加1分，增加分值最高不超过4分； 2. 实际完成较目标值每降低1%减1分； 3. 实际完成低于目标值90%，该项得分为0	市场部	

续表

维度	编号	指标名称	指标定义	指标类型	目标值	权重（%）	计分规则	数据来源	备注
运营	6	人员招聘计划数	人员招聘人数	数量、时间	6月招聘计划20人	10	1. 未超编制，多招聘1人加1分，增加分值最高不超过4分； 2. 实际完成较目标值每降低1%减1分； 3. 实际完成低于目标值90%，该项得分为0	人力资源部	成立新团队，人员缺口大
	7	应收管理	90天以上超期金额/应收金额	数量、时间	6月超期欠款率控制在25%以内	10	1. 超期欠款率较目标值每增加1%减2分； 2. 每降低1%加2分，增加分值最高不超过4分； 3. 超目标值10%，该项得分为0	商务部	
学习、成长	8	人员培训计划	人员培训场次	数量、时间	6月产品、学术培训次数不少于2次；系统培训1场	5	每少于目标值1场扣2分，扣完为止	培训中心	
加分项		创新项目加10分/项			否决项		超期欠款率超40%，本月考核得分为0		
权重合计					100				
被考核人签字				考核人签字					
日期				日期					

　　将战略地图转化为年度、季度、月度，甚至具体化到小组，做到了上下同欲、齐心协力，业绩取得了比较理想的结果、达到了满意的预期。

　　【成功经验介绍】

　　第一，高层领导推动变革。

　　实践证明，所有成功实施平衡计分卡的企业，高层领导的推动是关键。从总经理到各单位的经理全过程参与了平衡计分卡的战略图制定、平衡计分卡设计和单项战略行动的计划表编制，并及时修正管理思路和实施策略。

第二，企业有清晰的战略目标和完善的内部流程。

在实施平衡计分卡前，首先确定公司的战略目标，在战略目标确定后，再进行战略地图规划设计，然后对企业的内部流程再造，重点梳理了汇报关系、协作关系和战略执行。

第三，企业对关键绩效指标具有较强的识别能力。

基于战略地图，从战略目标、衡量指标、目标值、权重和责任部门四个横向维度和财务、客户、内部流程、学习与成长四个纵向维度，设计了平衡计分卡的关键绩效指标。

【重点】战略地图如何转化为可落地的平衡计分卡？笔者在实践中，高度总结概括如表 4-7 所示：

表 4-7　战略地图转化为 BSC 的要点总结

维　度	指标来源	指标保留	指标类型	目标值	权重	数据来源	计分规则
1. 财务层面	1. 岗位职责	1. 是否重要	1. 多（数量）	1. 历史数据	根据重要性而不是工作量大小确定	1. 自动采集	1. 线性计分
2. 客户层面	2. 客户需求	2. 是否可量化	2. 快（效率）	2. 同行或兄弟单位		2. 第三方	2. 区间计分
3. 内部运营	3. 上级交办	3. 是否具有可操作性	3. 好（质量）	3. 领导期待		3. 当事人	3. 滑梯式计分
4. 学习成长			4. 省（成本）				

说明：本表格式适用于对公司组织进行基于平衡计分卡的绩效考核。其中的考核指标，主要分为财务类、客户类、内部营运类以及学习与成长类四个方面，表格中也需要明确每项指标的定义或者计算公式及其所占权重分值。通常需要与 KPI、MBO（目标管理法）等考核工具结合使用，但主要突出的是平衡计分卡的价值，即平衡计分卡的目的就是要建立"实现战略制导"的绩效管理系统，从而保证企业战略得到有效的执行。

> **四个维度**：财务类、客户类、内部营运类以及学习与成长类四个方面作为通用的框架结构。

> **指标来源**：被考核者应该干什么？而不是被考核者想干什么或能干什么？既要考虑本职岗位该干的，又要考虑客户需求和上级领导期望的。

> **指标保留**：战略地图的各个方面的具体指标不是都需要考核，参照原则有三个：同时满足重要、能够量化、可操作或被考核人是可控的，否则纳入关注指标。

> **指标类型：**多（数量）、快（效率）、好（质量）、省（成本）四个维度形成指标库。

> **目标值：**被考核人该干到什么程度？目标值的设定一直是绩效考核的重点，同时也是难点。大小、高低可以参考历史数据（同比和环比）、同行或兄弟单位、领导期待。

> **权重：**被考核人干工作的轻重缓急、优先级，根据工作的重要性而不是工作量的大小。

> **数据来源：**从何考证，采纳的顺序最好依次是自动采集、第三方、当事人。

> **计分规则：**考核人每项怎么计算得分，以及如何与薪酬挂钩，是重点也是难点，分为线性计分、区间计分、滑梯式计分三种。为了便于理解，现举例解释如下：

表 4-8　计分规则示例

例如：某岗位基本工资 5000 元 / 月，绩效标准工资 5000 元 / 月。
1. 线性计分：小刘绩效得分 50%，小赵绩效得分 100% 　　　　小刘：基本工资 5000 元 + 绩效工资 5000 元 ×50%=7500 元 / 月 　　　　小赵：基本工资 5000 元 + 绩效工资 5000 元 ×100%=10000 元 / 月
2. 区间计分：设绩效得分为 X，100 分 ≥ X>90 分绩效工资按 100% 发放 　　　　90 分 ≥ X>80 分绩效工资按 90% 发放 　　　　80 分 ≥ X>70 分绩效工资按 80% 发放 　　　　70 分 ≥ X>60 分绩效工资按 70% 发放
3. 滑梯式计分：设绩效得分为 X，X>100 分绩效工资按 150% 发放 　　　　100 分 ≥ X ≥ 90 分绩效工资按 120% 发放 　　　　89 分 ≥ X ≥ 80 分绩效工资按 100% 发放 　　　　79 分 ≥ X ≥ 60 分绩效工资按 50% 发放 　　　　60 分 >X 绩效工资按 0 发放

以上三种计分规则虽然说没有绝对的好坏之分，但反映不同的理念：

线性计分规则比较常用，就是实际完成值除以目标值的得数，该种计分方式看似公平，实际上隐藏着巨大的"陷阱"，比如表 4-8 中看似是激励了干得好的小赵，实际上是激励了干得差的小刘，造成了薪酬"该高的没有高上去，该低的没有低下来"。

　　区间计分规则有两种正向引导：一是让被考核人看起来拿的比干的多，比如业绩完成85%，就能拿到90%的奖金；二是被考核人为了超出临界值会激发潜能，形成比学赶超的喜闻乐见的局面，比如业绩完成80%和81%，业绩多一个百分点，而奖金多了10%。

　　滑梯式计分规则，激励的力度更大，较好地体现了"该高的高上去，该低的低下来"，以绩效薪酬为杠杆，很好地解决了国企三项改革所倡导的员工收入能高能低问题。

第五章

以维度定绩效指标——事前沟通达成共识

5.1　绩效沟通的三个阶段

绩效管理作为兼顾过程与结果的管理工具，往往被大家关注的只是绩效结果这一点，而绩效管理真正的关键在于融入绩效管理全过程的一个核心词：沟通。从绩效管理的阶段来看可分以下几种：

绩效计划沟通：在绩效管理初期，上级主管与下属就本管理期内（如当月、季度等阶段）绩效计划的目标和内容，以及实现目标的措施、步骤和方法所进行的沟通交流，以达到在双方共识的基础上顺利高效开展工作的目的。

绩效指导沟通：在绩效管理活动的过程中，主管根据下属在工作中的实际表现，与下属围绕其工作态度、流程与标准、工作方法等方面进行沟通指导，以达到及时肯定或及时纠正引导的目的。

绩效改进沟通：通常是主管针对下属在某个绩效考核期间存在的不足指出改进指导建议后，随时对改进情况进行交流评价、辅导提升。此沟通可在绩效管理过程中随时进行，也可以在月末绩效考评时进行。

或者将以上几个阶段简化理解为：

事前：签订合约 + 达成共识

好话说在前面，也把丑话说在前面

事中：实施跟踪 + 及时纠偏

治病救人、仁至义尽

事后：总结与复盘

员工成长 + 组织发展 + 合规合法

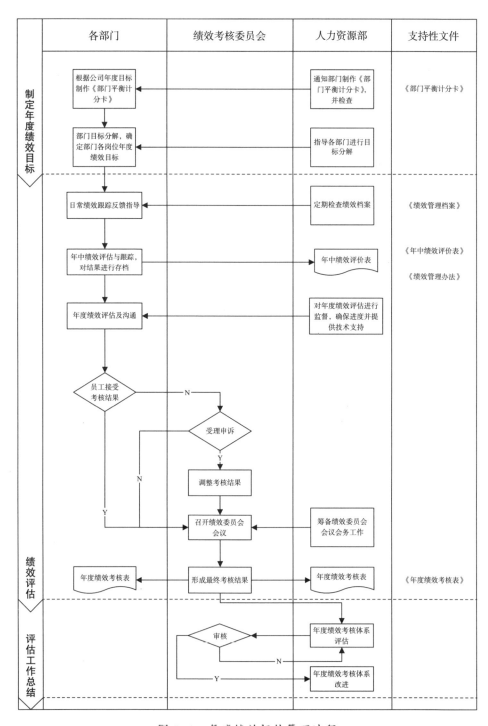

图 5-1　年度绩效评估管理流程

5.2　为什么要做绩效考核前的目标沟通

绩效目标计划是被评估者和评估者双方对员工应该实现的工作绩效进行沟通的过程，并将沟通的结果落实为订立正式书面协议即绩效计划和评估表，它是双方在明晰责、权、利的基础上签订的一个内部协议。

5.2.1　员工行为的导向

绩效指标的设定就是员工努力的方向，绩效权重就是员工努力的侧重点和优先级，绩效目标就是员工要努力的程度。

5.2.2　绩效得分的依据

绩效得分的计算是以事前达成的共识为依据。

5.2.3　减少争议风险

绩效合约、员工签字、事前履行告知义务。

5.2.4　实现公司战略需要

基于公司战略自上而下的分解，确保员工确立下一绩效年度的绩效计划以明确组织对自己的绩效期望以及自己下一年度的努力方向。

设定工作目标应考虑的问题：

1）员工在本绩效期内的工作职责是什么？

2）员工在本绩效期内所要完成的工作目标是什么？

3）如何判断员工的工作目标完成得怎么样？

4）员工应该在什么时候完成这些工作目标？

5）各项工作职责以及工作目标的权重如何？哪些是最重要的，哪些是次要的？

6）员工的工作绩效好坏对整个企业或特定的部门有什么影响？

7）员工在完成工作时可以拥有哪些权利？可以得到哪些资源？

8）员工在达到目标的过程中会遇到哪些困难和障碍？

9）管理人员会为员工提供哪些支持和帮助？

10）管理人员将如何与员工进行沟通？

5.3　绩效宣贯及绩效合约签订

【实战案例 8】

【背景】

张某是一名经理，收到上级领导的任务，要求他在一周之内向班组员工宣贯本年度的绩效考核方案，并全员签订绩效合约。

于是，下班后张某决定利用 20 分钟在办公室完成绩效方案宣贯的任务。

办公电话和打印机响个不停，张某把本年度的绩效考核方案发到了公司群里，就立刻吆喝了起来，"来来来，我来给大家说下今年的绩效考核方案，我都帮你们看过了，变化不大，你们用几分钟时间看看，没有问题就赶紧签字，别耽误下班了"。

这时，员工李某提出异议"我觉得关于加班的条款不太合理，我不想签字"。

但是张某不以为然："这个条款以前也有人提过，结果也是没法改，算了，多一事不如少一事，反正你今天不签字的话，过几天领导还是会追着你签的。"

最后，李某无奈地在绩效合约上签了字。

【思考】

经理张某做得好不好？表现在哪里？

假设你是经理张某，你会怎么做？

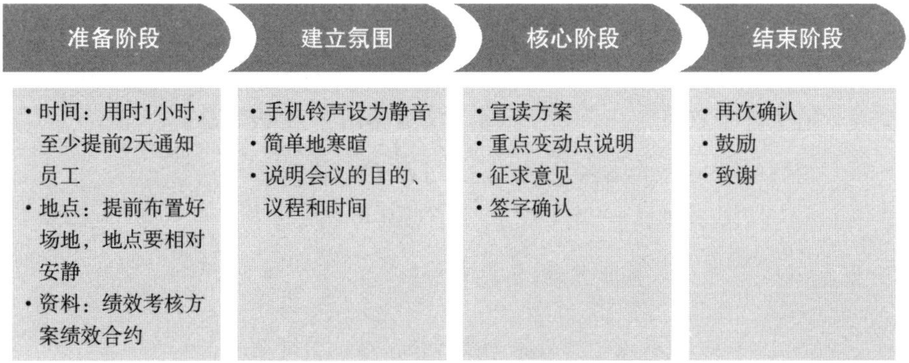

准备阶段	建立氛围	核心阶段	结束阶段
• 时间：用时1小时，至少提前2天通知员工 • 地点：提前布置好场地，地点要相对安静 • 资料：绩效考核方案绩效合约	• 手机铃声设为静音 • 简单地寒暄 • 说明会议的目的、议程和时间	• 宣读方案 • 重点变动点说明 • 征求意见 • 签字确认	• 再次确认 • 鼓励 • 致谢

图 5-2 绩效宣贯及绩效合约签订实操流程

表 5-1 员工绩效合同

一、被考核部门： 负责人姓名：		
二、绩效合同期限：_____年_____月_____日至_____年_____月____日止。		
三、绩效合同内容： （详见绩效考核指标）		
指标权重总计	100%	分数总计	
四、绩效合同确认： 我已认真阅读绩效合同书的全部内容，确认接受绩效指标，并将尽力达成上述指标要求。 被考核人签字： 日期：		
直接上级对指标和评分标准等设置的意见： 签字： 日期：		
分管领导对指标和评分标准等设置的意见： 签字： 日期：		

5.4 部门经理制定员工个人绩效的"分—发—收—评—谈—签"6大流程

1）每月底前两日召开部门会议，将部门的重点工作任务分配到各岗位；

2）当日将空白的考核表发给员工，让员工自行填写；

3）每月初两日，把员工填写的计划考核表收上来；

4）把所有考核表放在一起，平衡评估工作量及考核标准；

5）分别单独与员工会谈，调整他的工作量及考核标准；

6）双方达成一致并签字，双方各执一份。

空白的绩效考核表模板如表5-2所示：

表5-2 ＿＿月（季、年）度绩效考核表

姓名＿＿＿＿ 部门＿＿＿＿ 岗位＿＿＿＿ 填表日期：＿月＿日

主要工作任务	考核标准	权重（%）	评分标准	数据来源	自评得分	上级评分
1.						
2.						
3.						
4.						
5.						
6.						
7.						
计划确认签字：本人＿＿＿＿＿ 上级＿＿＿＿＿				本人自评结果＿＿＿＿ 上级考核结果＿＿＿＿ 考核结果 = $\sum$（评分 × 权重）		
制定计划填写说明	1. **"主要工作任务"** 一般不超过6项，从职责、上级交办、客户需求中找，不能确定的用"上级临时交办的任务"表示，但权重不能超过20%； 2. **"考核标准"** 要具体并能够衡量，从数量、质量、时效性、成本和客户（上级）的评价等方面确定； 3. **"权重"** 各项总计100%，根据重要性而不是工作量，小于5%权重的工作，建议不用写在考核表内，应当作日常工作； 4. **"评分标准"** 指评分的尺度与依据； 5. **"数据来源"**：指提供数据部门。 **要求**：管理人员在本月度管理业绩方面赋予20%—40%的权重，建议从计划与组织、指导与监控、决策与授权、团队建设和内部规章制度建设角度制定。					

绩效目标设定的过程也是考核人和被考核人共识对齐的过程，因为管理者和被管理者由于站位、立场、角度不同，对问题的认知如图 5-3 一样一定是有差异的。如果没有上下级之间的沟通，下属一定会按照自己的认知去行动，管理者也会按照自己的认知去评价，换句话说：无论员工多么努力，管理者也不可能会完全满意，最多打 75 分。所以，为了避免事后的争议，在没有执行之前的认知对齐尤为重要。

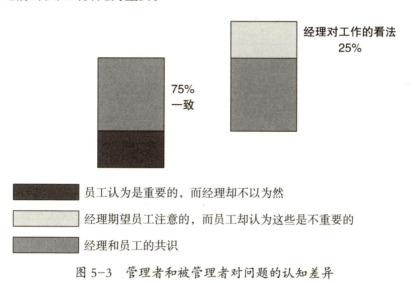

图 5-3 管理者和被管理者对问题的认知差异

管理者和员工不是敌人，不应该存在巨大鸿沟。其实高层有高层的视野，基层有基层的难处，但目标都是谋发展。抱着共同解决问题的态度，是可以沟通达成一致的，这样目标可以更好执行，管理上也会轻松一些。

5.5 个人目标设置及量化的两种方式

岗位指标量化的总体原则：能够量化的尽量量化；不能够量化的尽量细化、流程化。

方式一：岗位职责细化法。

【实战案例 9】

办公文员主要职责：

（1）文件收发

（2）文件打印

（3）接听电话

表 5-3　办公文员岗位职责细化示例

事　项	指　标	指标类型	目标值	权　重	完成标准	数据来源	计分规则
文件收发	准确	好（质量）	100%	60%	以签收为准	行政部	每少一个百分点扣 1 分
	及时	快（效率）	4h 以内	40%		行政部	每早送一小时奖 1 分，每迟送一小时扣 1 分
文件打印							
接听电话							

通过以上思路和方法，可将原本职能部门定性的岗位进行细化、量化绩效结果客观地算出来。

方式二：关键节点的里程碑事件法。

【实战案例 10】

人力资源部总指标：12 月底需招聘到位 10 名正式工程师。

表 5-4　关键节点的里程碑事件法示例

时　间	里程碑事件	分月指标
12 月	转正	试用期满，转正，10 人
10 月	入职	员工试用期入职，12 人
9 月	面试	至少电话通知面试 72 人；至少面试 36 人
8 月	筛选简历	至少筛选简历 360 份
7 月	发布招聘信息	至少在 5 个渠道发布招聘信息

以终局看布局，将人才招聘工作反向划出几个里程碑事件节点：发布招聘信息、筛选简历、面试、入职、转正，附上对应的量化指标并进行跟踪，如果过程事件做好了，结果将是自然而然的。

第六章

以指标定绩效实施——事中跟踪纠偏

笔者在项目中经常遇到管理者对下属业绩表现不满意的情况，出现这一情况的很大原因是事前没有说清楚，过程中没有及时纠偏，造成管理者看到结果后不满意，甚至着急上火。

6.1　项目进度跟踪的步骤

控制进度过程主要有三个关键性的活动：

一是如何有效地获得项目进度状态信息；

二是怎样可以避免进度拖延；

三是采取什么样的措施可以纠正进度偏差。

项目的控制进度过程就是通过对比基准进度计划监控项目的进度，情形如图 6-1 所示：

用即时贴的形式贴在各个区域里面

图 6-1　项目进度控制

项目进度跟踪的几个关键步骤：

1.制定项目执行时间表计划，是重中之重

团队人员多了，又要了解项目进度，这就要求管理者做出详细的计划，这个计划必须明确任务，明确任务的负责人，明确任务的开始和结束时间。

在计划制定时，要尽可能地把任务细分，任务的先后关系定好。并通过对每位参与员工的工作能力、工作效率等的把握将任务分解到人并定下来完成时间。可以借助 Excel，这是推动团队向一个目标努力最为必要的一件事。

2. 明确人员分工，定好截止时间

这一步看似简单，却直接关系到整个项目能否正常完成。所以，在项目计划阶段，我们一定花足够多的时间做好项目进度计划，在分解项目任务时，颗粒度尽量细一些，确保分工到人，并确定好截止时间。项目负责人只需要创建项目，然后在甘特图中对计划分解项目任务，安排每个人任务的开始、结束时间，再将任务分配给负责人。

3. 优化作业流程，确定工作标准

项目计划从制定到结束，并不是一成不变的，要根据项目的情况进行优化。项目组成员间的作业流程，在项目启动会上一定要明确清楚。

4. 定期检查项目节点或里程碑事件

很多时候会同时负责多个项目，或是还有很多其他日常工作，如何保障项目正常运行，这需要我们时常检查项目节点或里程碑事件，及时发现项目中可能存在的风险。

5. 项目成员的沟通

跟进项目不仅需要细心和耐心，而且要经常与项目组成员沟通，把项目经理要的目标和要求时时传达下去，并让结果及时反馈上来。项目执行过程中的沟通非常重要，要确保项目进度的信息透明。如果甲已经做好某件事，需要乙做另外的事，如果没有沟通，乙可能压根就不知道，这样项目进度就会延误。

6. 了解项目总体进度

经常会遇到这种情况，项目组在同一时间进行不同阶段的工作，这时对于工作进度的把握，尤其是总体进度的把握就比较困难。

7. 项目团队的激励

想让项目成员工作起来更有激情，只靠冷冰冰的管理制度是没有太大用处的。项目负责人要信任每一位成员，并实时注意成员的工作状态，适当增加成员在执行任务中的乐趣，做得好的一定要及时鼓励，培养成员的积极性和自我成就动机。整个团队有干劲了，项目的完成也就是水到渠成的事了。

6.2　跟踪与反馈的流程

管理者跟踪下属的工作进度最终目的都是希望达到或超过预期，达到预期的要提出表扬表示肯定，达不到预期的要了解情况，看是主观原因还是客观原因，具体流程见图 6-2：

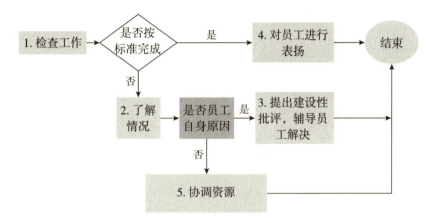

图 6-2　工作进度跟踪流程

6.3　跟踪与反馈的技巧

6.7.1　赞赏的四个步骤

图 6-3　赞赏的四个步骤

【实战案例 11】

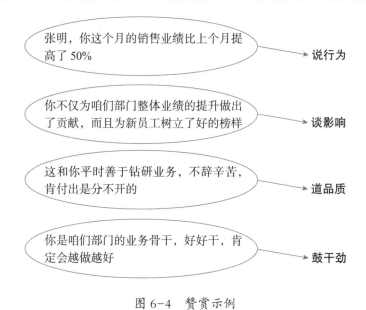

张明，你这个月的销售业绩比上个月提高了 50%　　→ 说行为

你不仅为咱们部门整体业绩的提升做出了贡献，而且为新员工树立了好的榜样　　→ 谈影响

这和你平时善于钻研业务，不辞辛苦，肯付出是分不开的　　→ 道品质

你是咱们部门的业务骨干，好好干，肯定会越做越好　　→ 鼓干劲

图 6-4　赞赏示例

6.7.2　建设性批评的五个步骤

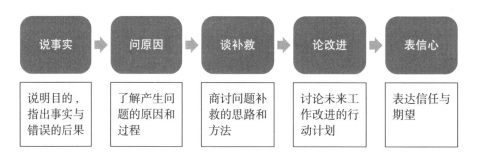

说事实	问原因	谈补救	论改进	表信心
说明目的，指出事实与错误的后果	了解产生问题的原因和过程	商讨问题补救的思路和方法	讨论未来工作改进的行动计划	表达信任与期望

图 6-5　建设性批评的五个步骤

【实战案例12】

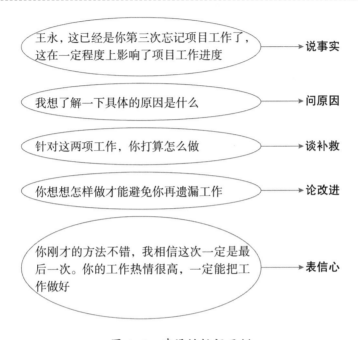

图 6-6　建设性批评示例

第七章

以实施定绩效结果——
事后绩效复盘与绩效面谈

绩效复盘，是指在企业管理中对团队或个人的业绩进行回顾、分析和反思的过程，以发现问题、总结经验教训、提出改进措施，从而实现团队持续改进和发展。

7.1　绩效复盘的价值

绩效复盘的价值主要体现在以下几个方面：

（1）提升团队认知能力。通过绩效复盘，团队成员可以及时发现问题，理解问题背后的原因，从而提升对业务、市场、客户的认知能力。

（2）激发团队创新精神。绩效复盘能够识别团队在业务实践中的创新点，鼓励团队成员敢于尝试、勇于创新，持续提升团队的创新能力。

（3）培养团队执行力。绩效复盘有助于团队成员了解自己在执行过程中的优点和不足，提升执行力，确保团队目标的顺利实现。

（4）促进团队协同合作。绩效复盘能够加强团队内部沟通与协作，形成共识，提升团队协同合作的效率。

（5）传承经验，持续改进。达到知其然、知其所以然，不犯同样的错误，总结规律，固化流程。

7.2　绩效复盘中常见的五大问题

一些企业虽然建立了绩效复盘机制，但因为操作执行不当，最终出现绩效复盘流于形式，达不到复盘改进的目的。一般来说，主要存在如下五大问题：

（1）复盘的目的不明确。很多企业是为了复盘而复盘，没有明确的目的，导致复盘变得模糊和无效，还有一些企业复盘就是追责，整个复盘的过程氛围非常紧张，复盘会变成扯皮会，相互推责，最终不了了之。

（2）问题分析表面化。在分析具体的绩效问题的时候，停留在一些表象原因上，忽略了对问题深层次讨论，最终得出的解决方案也南辕北辙。当然问题分析表面化可能也跟管理干部问题分析技能不足有关。

（3）缺乏行动计划或者行动计划不落地。要么没有改善问题的行动计划，要么行动计划没有落实到具体责任人，缺乏必要的跟踪检查机制，导致行动计划成为一纸空文。

（4）缺乏开放和建设性的沟通。缺乏建立开放沟通的环境，团队成员不愿意积极参与，即使发现问题也不愿意提出来，还有一些企业经常出现谁的问题谁解决的情况，不提任何问题反倒落得一身轻。因此，团队的最高管理者需要营造开放和建设性的沟通环境，鼓励团队成员积极分享观点、经验和问题，以促进全面的交流和讨论。

（5）缺乏持续改进的文化。缺乏持续改进的意识使得复盘仅成为形式主义，无法实现真正的改变和提升。为了解决这个问题，需要将复盘纳入持续改进的文化中，使其成为组织日常运作的一部分，从而不断地进行绩效改进。这可以通过设立定期的复盘机制、建立反馈和奖励机制、鼓励员工提出改进建议等方式来实现。

7.3 绩效复盘的基本原则

要让绩效复盘真正产生价值，在进行绩效复盘时，需要遵循四个基本原则：

（1）以事实为基础。复盘时要以实际业绩数据和事实为依据，避免主观臆断，确保复盘的客观性和准确性。

（2）以目的为导向。复盘的最终目标是提升团队的认知能力和业务能力，要关注复盘过程中是否能够实现这一目标。

（3）全面深入。复盘时要关注业务的全局，深入探讨问题的根本原因，避免流于表面和片面之见。

（4）参与者积极参与。复盘过程中，团队成员要积极参与讨论，提出自己的观点和建议，共同推动团队改进。

7.4　绩效复盘的四个步骤

第一步：回顾目标。回顾目标，明确复盘的业绩范围和时间周期，以确保复盘内容的针对性和实效性。收集与复盘范围相关的业绩数据，包括业绩指标、完成情况、关键事件等，为复盘提供依据。

第二步：评估结果。评估工作中的亮点和不足，亮点从"新、奇、特、好"几个方面；不足从"旧、平、差"几个方面。

第三步：分析原因。对比预期目标与实际业绩，分析业绩差异的原因，找出问题所在。

第四步：总结经验。根据业绩差异分析的结果，提出针对性的改进措施，并形成具体的行动计划。

表 7-1　绩效复盘表

主题		时间	
地点		参加人	
事件活动概况描述：			
1. 回顾目标	2. 评估结果	3. 分析原因	4. 总结经验
初衷： （SMART 原则）	亮点： （新、奇、特、好）	成功关键因素： （知其然、知其所以然）	关键发现： 经验还是规律？ 普遍还是偶然？ 对事还是对人？
结果： （SMART 原则）	不足： （旧、平、差）	不足根本原因： （改进错误，主观原因）	行动计划： 开始做…… 继续做…… 停止做……

季度业务复盘会是企业对季度业绩进行回顾、分析、总结的重要机制，主要目的是推动业务改进、提升团队执行力、解决运营中的问题。具体做法如下所示：

- 回顾业绩目标：回顾本季度的业绩目标，了解目标完成情况及与预期的差距。
- 评估结果：针对业绩差距，找出问题所在，为改进提供依据。
- 分析原因：对于季度内出现的重要事项、问题进行讨论，提出解决方案。
- 制定新的业绩目标及行动计划：根据复盘结果，制定新的业绩目标及具体行动计划，确保团队目标的顺利实现。

根据表 7-1 结构，某公司针对一季度复盘如表 7-2 所示：

表 7-2　某公司一季度绩效复盘示例

主题	一季度业绩复盘	时间	年　月　日
地点	会议室	参加人	张、刘、王、赵
事件活动概况描述： 某公司一季度经营情况复盘、分析			
1. 回顾目标	2. 评估结果	3. 分析原因	4. 总结经验
初衷（目标 O）： 超额完成任务且排名第一	**亮点：** 排名第一 中标 2000 万元项目一个	**成功关键因素：** 踏准营销节奏 客情关系好	**关键发现：** 做好营销计划很重要 客情公关有效
关键结果 KR： 大额项目 5 个 基础业务同比增长 5%	**不足：** 收入完成率 85%	**不足根本原因：** 项目转化率低 人员流失率高	**行动计划：** 项目找准节点，持续跟进 需做好人才培养与梯队建设

在季度末 / 年底，高管团队（和 / 或扩大到核心业务骨干）凑在一起，按照复盘引导的一般逻辑，对照季度 / 年初确定的战略和目标，回顾一下实际执行情况，对这个过程中发现的一些重要问题进行研讨，看看它们对公司的战略与目标可能有哪些影响。

初创期的公司和小企业同样需要战略复盘，并据此快速调整。对于初创科技企业来说，钱少、人少、资源少，要尽量"想清楚"，行业剧变多，更新换代快，这种情况下更需要持续不断地"校目标"，而复盘就是一个重要的工具和方法。无论是大型企业还是创业公司，都需要进行经营与战略复盘，以实现持续改进和发展。通过有效的绩效复盘，团队可以不断学习、总结经验、提升业务能力，从而为企业的成功创造更有利的条件。

7.5　绩效计划修订

随着公司业务的不断发展以及市场环境的快速变化，原有的绩效计划可能已无法全面、准确地反映员工的工作成果和公司的战略目标。为确保绩效计划能够持续为公司的战略实施提供有力支持，同时更好地激励员工发挥潜能，特进行绩效计划修订。修订内容包括但不限于：

1. 结合最新的公司战略规划和市场环境，对原有的绩效目标进行调整，确保目标与公司整体发展方向保持一致。

2. 针对各岗位的工作特性和职责要求，重新设定或调整关键绩效指标（KPI），使其更具操作性和可衡量性。

7.6　绩效面谈的流程与步骤

图 7-1　绩效面谈流程

7.6.1　准备阶段

• 时间：约 1 小时，至少提前 3 天通知员工；

- 地点：提前布置好场地，地点要相对安静，避免被人打扰；

- 资料：考核期内（上季度）月度重点工作计划；

- 考核期内（上季度）员工月度考核汇总表；

- 已经填写了部分内容的员工绩效改进面谈记录表；

- 本部门上季度工作总结、下季度工作计划。

7.6.2 建立氛围阶段

- 办公室电话铃声音量调低，手机铃声设为振动；

- 简单地寒暄；

- 说明面谈的目的、步骤和时间。

注意：绩效面谈是正式、严肃的，但面谈过程是轻松、互动的。

7.6.3 导入阶段

- 考核期内部门绩效目标及达成情况；

- 考核期内员工个人绩效目标整体达成情况；

- 感谢员工的付出（用实际案例）；

- 表扬员工良好的行为。

7.6.4 核心阶段

- 当初一起设定了哪些绩效目标？哪些是关键目标？

- 对统计出的绩效完成数据有异议吗？

- 你自己认为哪些指标超越了目标？原因是什么？

- 哪些达到了目标？

- 哪些没有达到目标？原因是什么？

- 哪些潜能和能力充分发挥？

- 哪些潜能和能力没有发挥？

- 改进的空间在哪里？

- 下一阶段的绩效目标是什么？

- 部门内优秀员工的绩效目标是怎样完成的？

- 你工作中遇到的最大障碍是什么？

- 你认为考核期内有哪些因素影响了你对目标的达成？

- 需要什么资源和支持？

7.6.5　结束阶段

- 确认考核期内绩效达成情况；

- 确认核心阶段沟通结果、绩效改进目标、下一阶段绩效目标；

- 双方签字确认。

【实战案例 13】

　　绩效面谈是员工与管理者之间就绩效目标、工作表现、改进方向等进行沟通的重要环节。有效的绩效面谈能够激励员工、促进工作改进，而失败的绩效面谈则可能导致员工士气低落、沟通障碍等问题。比如：

　　经理：小明，有时间吗？

　　小明：什么事情，经理？

　　经理：关于你年终绩效的事情。

　　小明：现在？要多长时间？

　　经理：就一小会儿，我半个小时后还有个重要的会议。你也知道，年终大家都很忙。

　　小明：……

　　（于是小明就在经理放满文件的办公桌对面，不知所措地坐下来。）

　　经理：今年你的业绩总的来说还过得去，但和其他同事比起来还差了很多，作为我的老部下，我还是很了解你的，所以我给你的综合评价是 C 级，怎么样？

　　小明：很多事情你都知道的，我认为我自己做得还是不错的呀……

　　经理：今年部门接到了好几项新任务，现在到了年底，还有很多任务没完成，我的压力很大啊！

　　小明：可是你并没有调整我的目标啊！

突然，电话铃声响了起来，是催经理去会议室开会。

经理：其实大家都不容易，再说了，你的工资也不低，你看小王，他的基本工资比你低。

小明：小王去年才来的公司，我在公司……

经理：好了，我马上要去开会，我们下次再聊。

小明：可是……

（经理没有理会小明，匆匆离开了办公室。）

此次绩效面谈失败的原因分析：

1. 面谈前缺乏充分的准备，如面谈资料、时间通知、场地准备等；

2. 面谈开始得很突兀，气氛严肃紧张；

3. 缺乏资料、数据的支持；

4. 凭主观印象；

5. 考核的着眼点是关注过去，不注重将来；

6. 单向沟通，未倾听员工的申诉；

7. 面谈时间预计不准，被中断后没预约再次沟通的时间；

8. 绩效考核仅仅流于形式，最终未能达成一致意见，员工产生了不满情绪。

那么，真正有效的绩效面谈应该如何进行？

经理：小明，过几天抽个时间沟通沟通？

小明：什么事情，经理？

经理：又过一个季度了，咱们一起总结总结、计划计划。

小明：后天早上 10：30 以后没什么安排，那个时间可以吗？

经理：可以，到时你带上绩效面谈表和下季度的工作计划、培训计划，咱们就在小会议室谈。你自己先想想吧。

（小明准时敲响了经理办公室的大门，经理平日放满文件的办公桌今天看上去很整洁。）

经理：今天咱们好好谈谈，一起来回顾下上个季度的工作得失和下个季度的工作计划。今年你为部门的团队建设做了很多努力，在新员工的培训带教方面也有很大贡献……辛苦了！对照绩效面谈表，咱们一起来分析下今年的业绩情况，你自己觉得……

小明：……还有，9 月你分派我的两项任务，至今没有完成，因为……

经理：理解，我会跟行政部门再协调下，你自己要紧紧跟进，其他还需要什么帮助？……作为老员工，我很了解你，在工作态度上向来表现不错，尤其是工作及时性方面……在细致性方面，你今年改进得不多啊，明年我会加紧督促……

今年你的年度绩效得分是 92 分，部门里排名靠中间，有进步，但离我的期望还有距离……下季度自己有什么计划，想怎么做？

小明：……

经理：好，我们再明确下，下一季度的主要工作有……，要完成……培训，主要的困难将是……你看下这份绩效面谈表，是根据刚才的谈话记录的，如果有异议，可以向 × 提出，没异议的话，我们都在这里签个字……

小明离开经理办公室的时候，他暗暗下决心，接下来一定要战胜自己、克服困难……

由此可见，成功的绩效面谈，需要：

1. 充分准备：管理者在面谈前充分了解员工的工作表现、进展和问题，准备好具体的反馈和建议。

2. 积极倾听：管理者在面谈中积极倾听员工的想法和感受，展现同理心和理解，建立信任关系。

3. 平衡反馈：管理者在面谈中既要指出员工的不足和需要改进的地方，也要肯定员工的成绩和优点，给予正面的激励和认可。

4. 提供解决方案：针对员工存在的问题，管理者应提供具体的解决方案或改进建议，帮助员工明确改进方向。

5. 明确行动计划：面谈结束后，管理者应与员工共同制定明确的行动计划，包括具体的目标、措施和时间表，确保问题得到有效解决。

6. 后续跟进：管理者应定期跟进员工的改进情况，给予必要的支持和指导，确保绩效面谈的成果得到落实。

第八章

以结果定绩效应用——薪酬晋升培养

绩效结果的有效应用对于提高员工个人绩效、促进组织发展具有重要意义。组织应充分利用绩效结果，制定合理的薪酬调整方案、晋升与降级机制、培训与发展规划等措施，激励员工积极工作，提高组织整体绩效水平。同时，加强绩效反馈与沟通、奖励与惩罚机制以及职业生涯规划等方面的管理，为员工提供广阔的发展空间，实现组织与个人的共同成长。

8.1　绩效结果的分类

绩效结果分类切记避免"一刀切"的"懒政行为"，不能简单的根据绩效得分分类，同时还要关注未来的潜力以及人岗匹配度，进行综合考量。因为分类不是目的，扣分更不是绩效管理的目的。绩效管理的本质是为了员工成长、组织发展。

对那些绩效不能达到要求，能力改进并不明显的员工要考虑是否有其他合适的岗位比原岗位更能发挥其作用。通过对员工职业发展的考虑，使工作绩效、工作能力或行为方式与员工个人的职业前景互为关联，从而强化提高绩效和能力的意识，促使所有员工努力提高能力，完成绩效目标，也使人力成本向绩效转化、向人力资本转化得到具体的落实。

为了更好地对绩效表现不同的员工进行管理，可参考图 8-1 的人才矩阵模型。

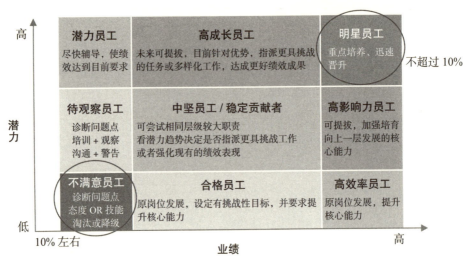

图 8-1　人才矩阵模型

8.2　不同绩效类型员工的管理策略选择

绩效差距是指企业内部员工绩效评价结果的差距，通常表现为同样岗位的员工在绩效评价中获得的分数不同。现就业绩达标和不达标两大类进行细分如图 8-2 所示：

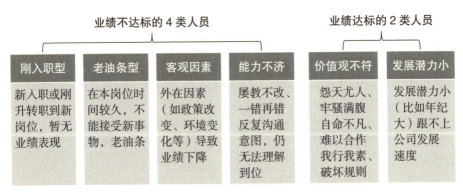

图 8-2　不同绩效员工类型

虽然绩效结果很重要，但对于员工的管理策略不能仅仅根据绩效结果草率确定，因为造成绩效结果的原因是多方面的。

表 8-1 管理策略选择

类型	业绩不达标的				业绩达标的	
	刚入职型	老油条型	客观因素	能力不济	价值观不符	发展潜力小
管理策略选择	• 给予耐心 • 匹配标杆 • 牛人牛招 • 淘汰底部	• 结果导向 • 制度约束 • 岗位轮换 • 退出机制	• 减少抱怨 • 树立信心 • 练好内功 • 退出机制	• 仁至义尽 • 师徒对接 • 绩优者的经验复制	• 结果导向 • 制度约束 • 岗位轮换 • 退出机制	• 做熟悉事 • 降低期待 • 小步慢跑 • 阶段肯定

【实战案例 14】

甲公司在绩效管理上的探索是先进的、别树一帜的。"绩效承诺""不承认茶壶里的饺子""以绩效为分水岭""成果导向"等，都是其绩效管理方法。

在甲公司，强制规定必须给核心员工加工资，从而倒推他要完成多少收入。每年完成任务，给前 20 名的员工加 20% 的工资，中间 20% 的员工加 10% 的工资。每超额完成 10%，再增加 10% 比例的员工。此外，即使部门做得再差，也要涨工资，不过可以减人。

很多企业经常犯一个错误：部门绩效越差，就越不给员工涨工资。如果工资不涨，优秀员工肯定要走，剩下的都是比较差的。对于中小企业而言，不能像甲公司一样每个员工工资都很高，但可以让核心员工工资高。在这种情况下，核心产出职位的薪酬要增加成为必然。总之，要留住核心员工，给少数优秀的员工涨工资，来倒推你的任务，这就是增量绩效管理。

表 8-2 甲公司月度和年度绩效考核结果

等级	分布比例	标 准
A	≤ 5%	实际业绩显著超过预期计划／目标或职位职责分工的要求，在计划／目标或职位职责／分工要求所涉及的各个方面都取得非常突出的成绩
B+	≤ 15%	实际业绩达到或超过预期计划／目标或职位职责分工的要求，在计划／目标或职位职责／分工要求所涉及的主要方面取得比较突出的成绩
B	不限	实际业绩基本达到预期计划／目标或职位职责分工的要求，既没有突出的表现，也没有明显的失误

等级	分布比例	标　准
C	≥ 20%	实际业绩未达到预期计划 / 目标或职位职责分工的要求，在很多方面或主要方面存在明显的不足或失误
D		实际业绩远未达到预期计划 / 目标或职位职责分工的要求，在很多方面或主要方面存在重大的不足或失误

甲公司基于部门业绩的个人业绩配比：先定组织绩效再定个人绩效，组织绩效如果为 A 级，那么该部门的 A 级员工占比就大，反之组织绩效如果为 D 级，那么该部门 A 级员工占比就小甚至没有。

表 8-3　基于组织绩效结果确定员工级别

员工等级 部门等级	A	B+	B	C	D
A	≤ 20%	—	≤ 10%	≥ 10%	≥ 15%
B+	≤ 15%	≤ 30%	—	≥ 10%	≥ 15%
B	≤ 10%	≤ 20%	—	≥ 15%	≥ 20%
C	≤ 5%	≤ 15%	—	≥ 20%	≥ 25%
D	0	≤ 10%	—	≥ 20%	≥ 30%

这个"自上而下"的基于组织绩效结果确定员工的级别，很好地解决了"富了和尚穷了庙"的怪象，很多单位考核员工绩效都是 A 级或 B 级，但组织绩效目标没有完成。

第三篇
绩效管理多维度示例

第九章

经典企业绩效管理案例

9.1 甲公司绩效考评体系

【实战案例 15】

甲公司是一家全球领先的信息通信技术（ICT）解决方案供应商，致力于为全球客户提供创新的通信产品、解决方案和服务。由于公司规模的不断扩大，员工数量的不断增加，为了有效管理员工绩效，甲公司制定了员工绩效考核管理办法。

一、绩效目标设定

甲公司一直秉承着以目标为导向的绩效管理理念，通过明确的目标设定，激发员工的工作动力和自我提升意愿。在设定绩效目标时，主管与员工会充分沟通，确保员工对目标的理解与公司战略目标的一致。绩效考评体系的底层逻辑：六大基本原则保障正确评价价值。

图 9-1 甲公司绩效考评体系的底层逻辑

二、绩效评估标准

甲公司的绩效评估标准主要基于工作成果达成、工作过程行为以及个人能力提升等方面。其中，工作成果达成是评估的核心，包括数量、质量、成本、时效等多个维度；工作过程行为则关注员工的职业素养、团队协作、创新能力等方面；个人能力提升则是评估员工在工作中不断提升和成长的能力。

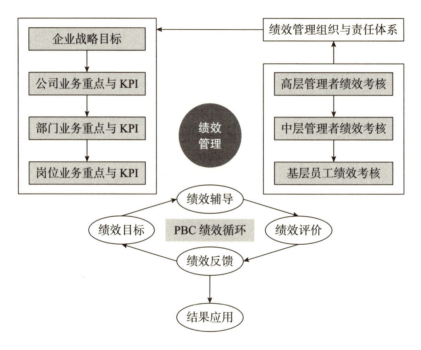

图 9-2　甲公司绩效管理体系架构：KPI+PBC [①]

三、绩效评估周期

甲公司的绩效评估周期一般为季度评估和年度评估相结合。季度评估主要关注短期目标达成情况，及时调整工作策略；年度评估则更注重长期目标达成以及个人能力提升。

---

① Personal Business Commitment，个人绩效承诺。

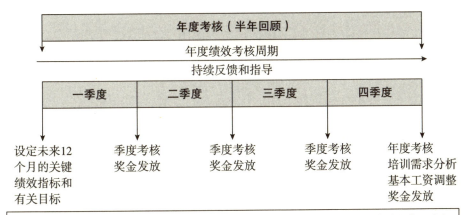

图 9-3　甲公司绩效考核周期图

四、绩效面谈与反馈

甲公司重视绩效面谈和反馈机制。每个评估周期结束后，主管会与员工面对面沟通，对工作成果、行为表现进行客观、公正的评价，并提出改进意见。同时，员工也可以向主管提出工作中的困惑和建议，形成良好的互动。

图 9-4　甲公司 PBC 绩效循环图

五、绩效考核结果应用

甲公司的绩效考核结果主要应用于薪酬、晋升、培训等方面。根据员工的绩效表现，给予相应的薪酬激励；同时，优秀的员工将获得更多的晋升机会和培训资源，帮助他们实现更好的职业发展。甲公司 PBC 绩效等级定义如图 9-5 所示：

A– 杰出 –10%

实际绩效经常显著超出预期计划/目标或岗位职责/分工要求，在计划/目标或岗位职责/分工要求所涉及的各个方面都取得特别出色的成绩

B– 良好 –40%

实际绩效达到或部分超过预期计划/目标或岗位职责/分工要求，在计划/目标或岗位职责/分工要求所涉及的主要方面取得特别出色的成绩

C– 正常 –45%

实际绩效基本达到预期计划/目标或岗位职责/分工要求，无明显的失误

D– 需改进 –5%

实际绩效未达到预期计划/目标或岗位职责/分工要求，在很多方面或主要方面存在明显的不足或失误

图 9-5 甲公司 PBC 绩效等级定义

六、绩效改进与提升

甲公司强调绩效改进与提升是绩效管理的核心。针对每个评估周期的结果，主管和员工会共同制定改进计划，为员工提供必要的培训和支持，帮助他们改进工作方法和技能，提升工作效率和质量。

七、绩效与薪酬挂钩

甲公司的薪酬体系与绩效表现紧密相连。员工的薪酬水平根据其绩效结果进行相应调整，实现薪酬的合理分配。这种挂钩方式激励员工努力工作，提高工作效率和质量，进而提升公司的整体业绩。

表 9–1　甲公司高层人员绩效与薪酬挂钩图 [1]

被考核人	高层人员（生产副总，管理副总，经营副总，总工程师，总会计师）
考核周期	一年（实行年度考核、半年业绩回顾）
计薪方式	年薪（税前）＝月薪×12+年度业绩奖金 （个人年薪总额及业绩奖金比例由董事长与当事人协商制定，有关股权和提成另计）
考核成绩与奖金	各被考核人的考核成绩均分为四等，即 A（优异），B（胜任），C（合格），D（需要改进），分别对应一定的奖金额度，被评为 D 等者，建议不发业绩奖金，各责任人的考核分数只与本人的奖金挂钩，不进行排序。具体金额由董事长与责任人商定
考核执行者	董事长直接领导下的薪酬考核委员会
考核执行时间	公司财政年度结束后的 1 个月内进行考核，并兑现年度业绩奖金。考核结果决定业绩奖金
考核流程	各责任人自评，绩效考核委员会审批（被审批人回避制）财政年度结束后，各责任人应及时收集个人业绩证明材料，进行自评。召集人在合适时间（不宜具体规定日期）召集考核委员会成员，开会审批自评结果，并进行平衡

表 9–2　甲公司中层人员绩效与薪酬挂钩图

被考核人	中层人员
考核周期	季度考核
计薪方式	每季度第一个月工资＝基本工资＋津贴 每季度第二个月工资＝基本工资＋津贴 每季度第三个月工资＝基本工资＋津贴＋本季度业绩奖金 如另有年终奖金发放，则每季度绩效考核结果各占 25%（股权及提成另计）
考核成绩与奖金	各被考核人的考核成绩均分为四等，即 A（优异），B（胜任），C（合格），D（需要改进），被评为 D 等者，建议不发业绩奖金，部门经理的综合考核等级结合公司、部门，个人三方的绩效等级评定，各占一定比例，建议各责任人的考核成绩进行强制排序，考核结果决定业绩奖金

---

[1]　表 9–1 至表 9–3 均选自汪廷云：《华为绩效管理法》，广东经济出版社 2017 年版。

续表

考核执行者	主要执行人：分管各部门的高层管理人员
	辅助执行人：人力资源部经理、绩效考核委员会
考核执行时间	每季度结束后的5—8个工作日内进行考核，并兑现季度业绩奖金

表9-3　甲公司基层人员绩效与薪酬挂钩图

被考核人	公司各部门/项目部下属的在职员工
考核周期	季度考核
计薪方式	每季度第一个月工资 = 基本工资 + 津贴
	每季度第二个月工资 = 基本工资 + 津贴
	每季度第三个月工资 = 基本工资 + 津贴 + 本季度业绩奖金
	如另有年终奖金发放，则每季度绩效考核结果各占25%（股权与提成另计）
考核成绩与奖金	各被考核人的考核成绩均分为四等，即A（优异），B（胜任），C（合格），D（需要改进），被评为D等者，建议不发业绩奖金，其综合考核结果结合公司、部门、个人三方的绩效等级评定，各占一定比例，建议个人的考核成绩在部门内部进行强制排序，考核结果决定业绩奖金
考核执行者	主要执行人：员工的直属部门主管（部门经理）
	辅助执行人：人力资源部负责人
	最终决定人：分管高管人员
考核执行时间	每季度结束后的5—8个工作日内进行考核（与部门考核基本同步，亦可根据具体情况，提前或推迟1—2个工作日），并兑现季度业绩奖金

八、绩效考核公正性保障

甲公司为保障绩效考核的公正性，采取了多种措施。首先，公司设立了专门的监察部门，对绩效管理过程进行监督，确保评估标准的严格执行和考核结果的客观公正。其次，公司倡导公开、透明的文化氛围，鼓励员工对绩效考核结果提出异议和建议，通过反馈和申诉机制保障员工的权益。此外，甲公司还为员工提供培训和发展机会，帮助他们全面提升自身能力，增强在绩效考核中的竞争力。

总之，甲公司的绩效管理与绩效考核制度体现了公司对员工工作的关注与支持，通过明确的目标设定、客观的评估标准、公正的考核过程以及有效的反馈与提升机制，激发了员工的积极性和创造力，为公司的发展提供了强有力的保障。

9.2　B公司绩效考评体系

【实战案例16】

B公司是一家全球领先的综合性电子商务公司，其成功的关键因素之一就是其独特的绩效考评体系。该体系不仅关注员工的业绩表现，还重视员工的价值观、专业技能、团队协作、创新能力、客户满意度、员工成长以及组织绩效与个人绩效的结合。双轨制业绩评估＋价值观评估：业绩考核KPI考察完成目标的过程中所展示的胜任力和职业素养，占50%的权重；价值观考核占50%的权重，不及格则绩效考核不及格。

一、业绩考核

B公司的业绩考核体系以目标管理为基础，通过明确的目标设定和评估，对员工的工作成果进行量化评价。这个体系强调个人目标与组织目标的对齐，鼓励员工挑战自我，实现卓越。B公司绩效分数的361强制分布，即：30%员工超过期望值、60%员工满足期望值、10%员工将被淘汰。

二、价值观考核

B公司重视企业文化的传承和价值观的塑造。价值观考核旨在评估员工的行为、态度和敬业精神是否符合公司的核心价值观，如客户第一、团队合作、拥抱变化等。

B公司价值观考核的注意点：

- 价值观的推广是全方位的：深入招聘、培训、人员选拔、绩效考核、文化建设活动等人力资源管理的各个领域。

- 经理们对员工进行价值观考核时必须摒弃"工具"的概念，深刻理解价值观纳入绩效考核的目的，对员工行为深入细致地观察、客观公正地判断，既不能吹毛求疵，也不可放任自流，以达到公司推广价值观的真正目的。

- 价值观只有符合不符合，没有好与不好。

三、专业技能考核

专业技能考核强调员工的专业能力和技能水平。B 公司注重员工的职业技能培训和个人成长，鼓励员工不断学习新的知识和技能，提高工作效能。

四、团队协作考核

B 公司的团队协作考核强调团队沟通和协作的重要性。该考核体系鼓励员工在团队中发挥积极作用，通过跨部门协作实现资源共享和协同发展。

五、创新能力考核

创新能力是 B 公司持续发展的关键驱动力。该考核体系鼓励员工提出新的想法和解决方案，通过创新实践推动公司业务的持续改进。

六、客户满意度考核

作为一家电子商务公司，客户满意度是 B 公司的核心指标之一。该考核体系通过客户反馈和满意度调查，评估员工的服务质量和客户满意度，以提升客户体验。

七、员工成长考核

B 公司关注员工的个人成长和职业发展。该考核体系通过提供培训、晋升机会和职业发展规划，帮助员工实现自我提升和价值增值。

八、组织绩效与个人绩效相结合

B 公司的绩效评价体系强调组织绩效与个人绩效的紧密结合。在评价过程中，组织绩效和个人绩效被视为相互依存的整体，通过协同作用推动公司和员工的共同发展。组织绩效的评价主要关注团队或部门的整体业绩，如销售额、客户增长或项目进度等。而个人绩效则关注员工在组织中的贡献和个人目标的实现。这种结合方式鼓励员工将个人目标与组织目标紧密联系起来，共同为公司的发展做出积极贡献。此外，组织绩效与个人绩效的结合还体现在晋升和奖励等方面。B 公司通过综合评价员工的个人表现和团队或部门的整体业绩，来决定员工的晋升机会和奖金发放。这种结合方式激励员工不仅关注自己的工作表现，还要积极参与团队合作，共同推动组织的发展。总结来说，B 公司的绩效评价体系是一个全面而均衡的体系，它涵盖了多个方面，包括业绩考核、价值观考核、专业技能考核、团队协作考核、创新能力考核、客户满意度考核、员工成长考核以及组织绩效与个人绩效相结合。这个体系有助于B公司实现其业务目标的同时，也关注员工的个人发展和满意度。B公司的成功经验表明，一个综合性的绩效评价体系对于企业的持续发展和员工的积极投入具有重要意义。

9.3　Z公司绩效考评体系

【实战案例17】

Z公司，成立于2012年3月，是最早将人工智能应用于移动互联网场景的科技企业之一，公司以建设"全球创作与交流平台"为愿景。

一、目标设定

在Z公司，目标设定是绩效管理的起点。公司采用以结果为导向的目标设定方式，员工需要明确自己所在岗位的关键业务目标和关键项目目标，并与上级进行充分沟通，确保目标与公司整体战略一致。目标设定需要遵循SMART原则（具体、可衡量、可达成、相关、有时限），以便确保目标的可执行性和可评估性。

二、绩效评估

Z公司的绩效评估以数据驱动和事实为基础，通过多维度评估员工的工作表现和贡献。评估体系包括客观指标（如工作完成情况、质量、客户满意度等）和主观指标（如创新能力、团队协作、问题解决能力等）。公司采用360度评估法，通过上级、同事、下级等多角度对员工进行全面评估。此外，公司还定期进行专业能力认证和技能培训，以确保员工具备持续发展的能力。

三、绩效反馈

在Z公司，绩效反馈是促进员工成长的重要环节。公司采用定期的绩效反馈机制，上级需要为员工提供具体的反馈意见和建议，以帮助他们改进工作方法和提升工作效率。反馈需要关注员工的长处和短处，并鼓励他们不断学习和成长。此外，公司还鼓励员工进行自我反思和主动改进，以实现个人和公司的共同发展。

四、奖励机制

Z 公司的奖励机制旨在激励员工积极投入工作并创造价值。公司采用多元化的奖励方式，包括奖金、晋升机会、荣誉证书、培训等。奖励分配以绩效表现和贡献为主要依据，同时考虑员工的能力和发展潜力。此外，公司还设立了专门的文化奖项，以表彰在价值观和团队建设方面表现突出的员工。

五、发展机制

Z 公司的发展机制关注员工的职业规划和长期发展。公司为员工提供多元化的培训和发展机会，包括内部培训、外部课程、领导力发展计划等。此外，公司还鼓励员工进行跨部门和跨岗位的交流和学习，以拓宽他们的视野和经验。公司还设立了职业发展通道和晋升体系，为员工提供持续发展和晋升的机会。

9.4 某银行支行绩效考核评价体系

【实战案例 18】

为提升全行市场竞争力、价值创造力和风险控制力，巩固区域内主流银行地位，引导员工更新经营观念，充分发挥绩效工资的激励作用，促进业务经营快速、高效发展，确保各项经营目标任务的全面完成，结合本行实际，制定本实施细则。

根据业务经营和管理职能，综合绩效考核实行营业机构、支行前台部门、中后台部门区别考评。营业机构、个人金融部、公司业务部按业务经营计划完成情况以及基础管理工作情况进行考评；中后台部门（信贷管理部、运营财会部、综合管理部）按营业机构及前台部门业务经营考核结果、相关业务指标、履职评价及基础管理工作情况进行综合考评。

1. 营业机构考核指标及计分规则

（1）储蓄存款（30 分）

- 绝对增量（10分）。完成任务计满分，未完成任务按比例计分，超额完成任务依率加分，最高不超过该项基础分的20%。

- 日均增量（20分）。完成任务计满分，未完成任务按比例计分，超额完成任务依率加分，最高不超过该项基础分的20%。

（2）对公存款（10分）

- 绝对增量（6分）。完成任务计满分，未完成任务按比例计分，超额完成任务依率加分，最高不超过该项基础分的20%。

- 日均增量（4分）。完成任务计满分，未完成任务按比例计分，超额完成任务依率加分，最高不超过该项基础分的20%。

（3）中间业务收入（10分）

主要考核电子银行业务收入、信用卡业务收入、结算与现金管理业务收入、理财业务收入、代理销售基金业务收入、贵金属销售业务收入、代理金融机构业务收入、代理保险业务收入等，以各机构利润表"手续费及佣金收入"为准考核汇总数（剔除公司业务部、个人金融部直接营销的中间业务收入），完成任务计满分，未完成任务按比例计分，超额完成任务依率加分，最高不超过该项基础分的20%。

（4）客户协调发展（30分）

- 信用卡有效客户新增（5分）。完成任务计满分，未完成任务按比例计分。

- 个人贵宾客户新增（5分）。完成任务计满分，未完成任务按比例计分。

- 电子渠道分流率（4分）。完成任务计满分，未完成任务按比例计分。

- 个人电子银行活跃客户新增（4分）。完成任务计满分，未完成任务按比例计分。

- 自主理财产品增量（3分）。完成任务计满分，未完成任务按比例计分。

- 有效收单商户新增（3分）。完成任务计满分，未完成任务按比例计分。

- 惠农卡发卡量（2分）。完成任务计满分，未完成任务按比例计分。

- 对公人民币结算账户新增（2分）。完成任务计满分，未完成任务按比例计分。

- 企业电子银行活跃客户新增（2分）。完成任务计满分，未完成任务按比例计分。

（5）基础管理（20分）

- "三化三铁"工作评价（5分）。按考评结果折算计分。

- 党风廉政建设及安全保卫工作（5分）。按考评结果折算计分。

- 文明优质服务工作（5分）。考核结果合格以上按考评结果折算计分，合格以下不计分。

- 内控评价及整改工作（5分）。对各种内、外部检查发现问题并被出具工作底稿，每一张工作底稿扣0.5分；未按要求进行整改（或整改不彻底）、受到上级行和外部监管部门处罚的，每项扣1分，扣完为止。

2. 个人金融部考核指标及计分规则

（1）储蓄存款（30分）

- 绝对增量（10分）。完成任务计满分，未完成任务按比例计分，超额完成任务依率加分，最高不超过该项基础分的20%。

- 日均增量（15分）。完成任务计满分，未完成任务按比例计分，超额完成任务依率加分，最高不超过该项基础分的20%。

- 市场份额（5分）。按照分行考核口径，市场份额不下降得满分。市场份额比年初每上升0.1个百分点加0.2分，每下降0.1个百分点扣0.2分，加分及扣分均以本项基础分为限。

（2）中间业务收入（20分）

主要考核中间业务收入值，除公司类中间业务收入外的所有个人类中间业务收入。完成任务计满分，未完成任务按比例计分，超额完成任务依率加分，最高不超过该项基础分的20%。

（3）风险管理指标（10分）

- 个人不良贷款余额控制（2分）。完成控制计划得满分，超控制计划不得分。

- 个人到期贷款现金收回率（3分）。完成任务计满分，未完成任务按计划收回率与实际收回率的差额，每差0.5%扣1分，扣完为止。

- 委托资产现金收回额（5分）。完成任务计满分，未完成任务按比例计分。

（4）客户协调发展计划指标（25分）

- 信用卡有效客户新增（5分）。完成任务计满分，未完成任务按比例计分。

- 个人贵宾客户新增（5分）。完成任务计满分，未完成任务按比例计分。

- 个人电子银行活跃客户新增（3分）。完成任务计满分，未完成任务按比例计分。

- 电子渠道分流率（3分）。完成任务计满分，未完成任务按比例计分。

- 惠农通新增（3分）。完成任务计满分，未完成任务按比例计分。

- 个人产品交叉销售率及提升（2分）。按分行考核结果折算计分。

- 有效收单商户新增（2分）。完成任务计满分，未完成任务按比例计分。

- 惠农卡发卡量（2分）。完成任务计满分，未完成任务按比例计分。

（5）基础管理（15分）

- 文明优质服务（5分）。依据分行考核检查结果，合格以上折算计分，合格以下不计分。

- 党风廉政建设及安全保卫工作（5分）。按考评结果折算计分。

- 内控评价及整改工作（5分）。部门按季进行尽职检查并形成检查报告，缺一次扣1分；对各种内、外部检查发现问题并被出具工作底稿，每一张工作底稿扣0.5分；未按要求进行整改（或整改不彻底）、受到上级行和外部监管部门处罚的，每项扣1分。

3. 公司业务部考核指标及计分规则

（1）对公存款（25分）

- 绝对增量（10分）。完成任务计满分，未完成任务按比例计分，超额完成任务依率加分，最高不超过该项基础分的20%。

- 日均增量（5分）。完成任务计满分，未完成任务按比例计分，超额完成任务依率加分，最高不超过该项基础分的20%。

- 市场份额（10分）。按照分行考核口径，市场份额不下降得满分。市场份额比年初每上升0.1个百分点加0.4分，每下降0.1个百分点扣0.4分，加分及扣分均以本项基础分为限。

（2）对公贷款（15分）

- 对公客户贷款增量（10分）。完成任务计满分，未完成任务按比例计分。

- 小企业贷款增量（5分）。完成任务计满分，未完成任务按比例计分。

（3）中间业务收入（10分）

按照分行下达的 2012 年综合经营计划涉及的对公中间业务收入合计数进行考核，完成任务计满分，未完成任务按比例计分，超额完成任务依率加分，最高不超过该项基础分的 20%。

（4）风险管理指标（20 分）

- 潜在风险客户贷款压降额（6 分）。完成任务得满分，未完成任务不得分。
- 到期贷款收回率（10 分）。完成任务计满分，未完成任务按计划收回率与实际收回率的差额，每差 0.5% 扣 1 分，扣完为止。
- 不良贷款余额控制（4 分）。完成控制计划得满分，超控制计划不计分。

（5）客户协调发展（10 分）

- 优质法人贷款客户新增（2 分）。完成任务计满分，未完成任务按比例计分。
- 对公人民币结算账户净增（2 分）。完成任务计满分，未完成任务按比例计分。
- 对公产品交叉销售率及提升（2 分）。按分行考核结果折算计分。
- 现金管理客户新增（2 分）。完成任务计满分，未完成任务按比例计分。
- 企业电子银行活跃客户新增（2 分）。完成任务计满分，未完成任务按比例计分。

（6）基础管理（20 分）

- 贷后管理（10 分）。按频率和要求完成贷后管理工作得满分，检查频率每缺一次扣 1 分，出现重大风险信号未及时报告一次扣 2 分，风险预警信息未按规定时间及要求处理一次扣 1 分，扣完为止。
- 党风廉政建设及安全保卫工作（5 分）。按考评结果折算计分。
- 内控评价及整改工作（5 分）。部门按季进行尽职检查并形成检查报告，缺一次扣 1 分；对各种内、外部检查发现问题并被出具工作底稿，每一张工作底稿扣 0.5 分；未按要求进行整改（或整改不彻底）、受到上级行和外部监管部门处罚的，每项扣 1 分。

4. 信贷管理部考核指标及计分规则

（1）挂钩前台业务部门及机构考核（50 分）。按支行前台部门、营业机构业务考核得分平均值的 50% 权重计分。

（2）履职评价考核（10分）。由支行班子成员、营业机构负责人和前台业务部室负责人集中对其部门职责履职情况进行综合测评，按测评结果折算计分。其中：班子成员测评分占70%、机构及前台业务部室负责人测评分占30%。

（3）风险管理（10分）

- 潜在风险客户贷款压降额（3分）。完成任务得满分，未完成任务不得分。

- 到期贷款收回率（4分）。完成任务计满分，未完成任务按计划收回率与实际收回率的差额，每差0.5%扣1分，扣完为止。

- 不良贷款余额控制（3分）。完成控制计划得满分，超控制计划不得分。

（4）基础管理（30分）

- 尽职检查工作（5分）。按季对前台部门进行尽职监督检查并形成检查报告得满分，缺一次扣1分，扣完为止。

- 党风廉政建设及安全保卫工作（5分）。按考评结果折算计分。

- 内控评价及整改（5分）。对各种内、外部检查发现问题并被出具工作底稿，每一张工作底稿扣0.5分；未按要求进行整改（或整改不彻底）、受到上级行和外部监管部门批评和处罚的，每项扣1分。

- 风险水平评价（5分）。按照市分行风险管理部每季考评结果折算计分。

- 统计报表工作（5分）。按质按量完成监管报表报送工作得满分，迟报、漏报、错报一次扣1分，报送数据错误、延误受到外部监管机构批评和处罚的不得分。

- 业务培训工作（5分）。按要求每季至少开展信贷业务专项培训1次，缺一次扣1分，扣完为止。

5.运营财会部考核指标及计分规则

（1）挂钩前台业务部门及机构考核（50分）。按支行前台部门、营业机构业务考核得分平均值的50%权重计分。

（2）履职评价考核（10分）。由支行班子成员、营业机构负责人和前台业务部室负责人集中对其部门职责履职情况进行综合测评，按测评结果折算计分。其中：班子成员测评分占70%、机构及前台业务部室负责人测评分占30%。

（3）拨备前利润（5分）。完成任务计满分，未完成任务按比例计分。

（4）基础管理（35 分）

- 尽职检查工作（5 分）。按季对营业机构进行尽职监督检查并形成检查报告得满分，缺一次扣 1 分，扣完为止。

- 运营风险管理考评（4 分）。按照市分行运营管理部每季考评结果折算计分。

- "三化三铁"创建工作（4 分）。按分行考评验收结果依率计分。

- 科技管理（4 分）。按照市分行信息技术管理部考评结果折算计分。

- 党风廉政建设及安全保卫工作（5 分）。按考评结果折算计分。

- 内控评价及整改（5 分）。对各种内、外部检查发现问题并被出具工作底稿，每一张工作底稿扣 0.5 分；未按要求进行整改（或整改不彻底）、受到上级行和外部监管部门处罚的，每项扣 1 分。

- 统计报表工作（4 分）。按质按量完成上级行、人行报表报送工作得满分，迟报、漏报、错报一次扣 1 分，报送数据错误、延误受到上级行及外部监管机构批评和处罚的不得分。

- 业务培训工作（4 分）。按要求每季至少开展财会运营业务专项培训 1 次，缺一次扣 1 分，扣完为止。

6. 综合管理部考核指标及计分规则

（1）挂钩前台业务部门及机构考核（50 分）。按支行前台部门、营业机构业务考核得分平均值的 50% 权重计分。

（2）履职评价考核（10 分）。由支行班子成员、营业机构负责人和前台业务部室负责人集中对其部门职责履职情况进行综合测评，按测评结果折算计分。其中：班子成员测评分占 70%、机构及前台业务部室负责人测评分占 30%。

（3）基础管理（40 分）

- 尽职检查工作（5 分）。按季对营业机构、机关部室进行尽职监督检查并形成检查报告，缺一次扣 1 分，扣完为止。

- 党风廉政建设（5 分）。按市分行量化考核结果折算计分。

- 安全保卫工作（5 分）。按市分行量化考核结果折算计分。

- 内控评价及整改（5 分）。按市分行内控评价结果折算计分，同时，对各种内、外部检查发现问题并被出具工作底稿，每一张工作底稿扣 0.5 分；未按要求进行整改（或整改不彻底）、受到上级行和外部监管部门处罚的，每项扣 1 分。

- 督查督办（5 分）。按时完成领导交办的督查督办任务得满分，未按时完成一次扣 0.5 分。

- 宣传报道（5 分）。全年完成信息简报 20 篇，市分行采用 10 篇得满分，少一篇扣 0.5 分，扣完为止。

- 人事教育（5 分）。牵头做好岗位轮换、强制休假、员工行为排查、职工教育培训、干部人事工作得满分，未按规定完成上级行及本行交办工作，每次差错一项扣 1 分。

- 市级文明单位和市级职工之家建设（5 分）。保持市级文明单位和市级职工之家得满分。否则不得分。

支行成立以行长为组长、副行长为副组长、各部室经理为成员的综合绩效考评领导小组，考评小组办公室设在运营财会部，运营财会经理为办公室主任，综合管理部经理为副主任。考评领导小组办公室负责对各部室提交的各类考核指标数据进行真实性核查，核查无误后进行综合考评，考评结果报行长办公会审定。

如遇内、外部环境或分行政策调整，影响考核办法的宗旨和原则，支行将结合实际另行制定补充考核办法。

第十章

企业高层管理岗及部门绩效指标体系

10.1　董事会关键绩效考核指标

表 10-1　董事会关键绩效考核指标

序号	KPI 指标	考核周期	指标定义 / 公式	资料来源
1	年度利润总额	年度	经核定后的企业合并报表利润总额	财务部
2	主营业务收入	年度	经核定后的企业合并报表中的主营业务收入额	财务部
3	主营业务收入增长率	年度	$\dfrac{考核期末当年主营业务收入}{考核期前一年主营业务收入} \times 100\%$	财务部
4	净资产收益率	年度	$\dfrac{净利润}{净资产} \times 100\%$	财务部
5	企业战略目标实现率	年度	$\dfrac{考核期内已实现的战略目标数}{考核期内应实现的战略目标数} \times 100\%$	董事会
6	董事工作报告通过率	年度	$\dfrac{股东大会审议通过的董事报告数量}{董事会提交股东大会审议的报告数量} \times 100\%$	董事会
7	关键人才梯队搭建	年度	关键人才盘点与人才培养人数	人才发展委员会
8	分险管控	年度	公司重大社会负面事情起数	公关部

10.2　监事会关键绩效考核指标

表 10-2　监事会关键绩效考核指标

序号	KPI 指标	考核周期	指标定义 / 公式	资料来源
1	财务审查计划按时完成率	年度	$\dfrac{规定时间内完成财务审查的工作量}{财务审查计划完成的工作量} \times 100\%$	监事会
2	财务状况调查计划完成率	年度	$\dfrac{规定时间内完成财务调查的工作量}{财务状况调查计划完成的工作量} \times 100\%$	监事会
3	经营管理监督会议召开次数	年度	考核期内召开经营管理监督会议的次数	监事会
4	各项监督检查报告提交及时率	年度	$\dfrac{规定时间内提交监督检查报告的数量}{规定时间内应提交的监督检查报告的总数} \times 100\%$	监事会
5	列席董事会会议的次数	年度	考核期内列席董事会会议的次数	监事会
6	监事工作报告通过率	年度	$\dfrac{股东大会审议通过的监事报告数量}{监事会提交股东大会审议的报告数量} \times 100\%$	监事会
7	典型案例宣贯次数	年度	重大案例分析以学习的形式防微杜渐次数	监事会

10.3　总经理绩效考核指标量表

表 10-3　总经理绩效考核指标量表

被考核人姓名			职位	总经理	部门	
考核人姓名			职位	董事长	部门	
指标维度	KPI 指标	权重	绩效目标值			考核得分
财务类	净资产回报率	10%	考核期内净资产回报率在＿＿% 以上			
	主营业务收入	10%	考核期内主营业务收入达到＿＿万元			
	利润额	10%	考核期内利润额达到＿＿万元			
	总资产周转率	5%	考核期内总资产周转率达到＿＿% 以上			
	成本费用利润率	5%	考核期内成本费用利润率达到＿＿% 以上			
内部运营类	年度发展战略目标完成率	10%	考核期内年度企业发展战略目标完成率达到＿＿%			
	新业务拓展计划完成率	5%	考核期内新业务拓展计划完成率在＿＿% 以上			
	投融资计划完成率	10%	考核期内投融资计划完成率在＿＿% 以上			
客户类	市场占有率	5%	考核期内市场占有率达到＿＿% 以上			
	品牌市场价值增长率	5%	考核期内品牌市场价值增长率在＿＿% 以上			
	客户投诉次数	5%	考核期内控制在＿＿% 以内			
学习发展类	核心员工保有率	5%	考核期内达到＿＿%			
	员工流失率	5%	考核期内控制在＿＿% 以内			
	人才梯队建设	10%	关键人才盘点与人才培养人数			
本次考核总得分						
考核指标说明	1. 成本费用利润率 成本费用利润率 $= \dfrac{利润总额}{成本费用总额} \times 100\%$ 2. 品牌市场价值 品牌市场价值数据经第三方权威机构测评获得					
被考核人		考核人			复核人	
签字：　　日期：		签字：　　日期：			签字：　　日期：	

10.4 生产总监绩效考核指标量表

表 10-4 生产总监绩效考核指标量表

被考核人姓名		职位	生产总监	部门	
考核人姓名		职位	总经理	部门	
指标维度	KPI 指标	权重	绩效目标值		考核得分
财务类	净资产回报率	10%	考核期内净资产回报率在____% 以上		
	主营业务收入	10%	考核期内主营业务收入达到____万元		
	生产成本控制	10%	控制在预算之内		
内部运营类	年度企业发展战略目标完成率	10%	考核期内年度企业发展战略目标完成率达到____%		
	生产计划完成率	10%	达到 100%		
	产品质量合格率	10%	达到____%		
	产品废品率	5%	控制在____% 以内		
	生产设备完好率	5%	考核期内达到____%		
	劳动生产率	5%	比上一考核周期提高____%		
	生产安全事故发生率	5%	重大安全生产事故为 0,一般性安全生产事故控制在____‰以内		
客户类	客户满意率	5%	考核期内客户满意率在____% 以上		
	员工满意度	5%	考核期内员工满意度在____分以上		
学习发展类	培训计划完成率	5%	考核期内培训达到 100%		
	员工流动率	5%	考核期内员工流动率控制在____% 以内		
	核心员工保有率	5%	达到____% 以上		
	人才梯队建设	5%	关键人才盘点与人才培养人数		
本次考核总得分					
考核指标说明	员工满意度指标获得 通过向被评价人发放员工满意度调查问卷,计算员工满意度得分的算术平均值				
被考核人		考核人		复核人	
签字: 日期:		签字: 日期:		签字: 日期:	

10.5　营销总监绩效考核指标量表

表 10-5　营销总监绩效考核指标量表

被考核人姓名		职位		营销总监	部门		
考核人姓名		职位		总经理	部门		
指标维度	KPI 指标	权重		绩效目标值			考核得分
财务类	净资产回报率	10%	考核期内净资产回报率在____% 以上				
	主营业务收入	10%	考核期内主营业务收入达到____万元				
	销售收入	10%	考核期内销售收入达到____万元				
	销售费用	5%	考核期内销售费用控制在预算之内				
	货款回收率	5%	考核期内货款回收率达到____%				
内部运营类	年度企业发展战略目标完成率	10%	考核期内年度企业发展战略目标完成率达到____%				
	销售计划完成率	10%	考核期内销售计划完成率达到____%				
	合同履约率	5%	考核期内合同履约率达到____%				
	销售增长率	5%	考核期内达到____%				
	市场推广计划完成率	5%	考核期内市场推广计划完成率达到____%				
客户类	市场占有率	5%	考核期内市场占有率达到____%				
	客户满意率	5%	考核期内客户满意率在____% 以上				
学习发展类	培训计划完成率	5%	考核期内培训计划完成率达到100%				
	核心员工保有率	5%	考核期内核心员工保有率达到____%				
	人才梯队建设	5%	关键人才盘点与人才培养人数				
本次考核总得分							
考核指标说明	销售增长率 $$销售增长率 = \left(\frac{当期销售额或销售量}{上期（或去年同期）销售额或销售量} - 1 \right) \times 100\%$$						
被考核人		考核人			复核人		
签字：　　日期：		签字：　　日期：			签字：　　日期：		

10.6　客服总监绩效考核指标量表

表 10-6　客服总监绩效考核指标量表

被考核人姓名			职位	生产总监	部门	
考核人姓名			职位	总经理	部门	
指标维度	KPI 指标	权重	绩效目标值			考核得分
财务类	净资产回报率	10%	考核期内净资产回报率在＿＿% 以上			
	主营业务收入	10%	考核期内主营业务收入达到＿＿万元			
	客服费用控制	10%	客服费用控制在预算范围之内			
内部运营类	年度企业发展战略目标完成率	10%	考核期内年度企业发展战略目标完成率达到＿＿%			
	客服工作计划完成率	10%	考核期内客服工作计划完成率达到 100%			
	客服标准有效执行率	10%	考核期内客服标准有效执行率达到＿＿%			
	客服流程改善目标达成率	10%	考核期内客服流程改善目标达成率在＿＿% 以上			
客户类	客户投诉处理满意率	5%	考核期内客服投诉处理满意率达到＿＿% 以上			
	投诉解决率	5%	考核期内投诉解决率达到＿＿%			
	部门协作满意度	5%	考核期内部门协作满意度达到＿＿分以上			
学习发展类	培训计划完成率	5%	考核期内培训计划完成率达到 100%			
	核心员工保有率	5%	考核期内核心员工保有率达到＿＿%			
	人才梯队建设	5%	关键人才盘点与人才培养人数			
本次考核总得分						
考核指标说明	1. 客服流程改善目标达成率 $客服流程改善目标达成率 = \dfrac{客服流程改善目标达成的项数}{客服流程改善目标设定的项数} \times 100\%$ 2. 投诉解决率 $投诉解决率 = \dfrac{解决的投诉数}{投诉总次数} \times 100\%$					
被考核人		考核人			复核人	
签字：　　日期：		签字：　　日期：			签字：　　日期：	

10.7　行政总监绩效考核指标量表

表 10-7　行政总监绩效考核指标量表

被考核人姓名		职位	生产总监	部门	
考核人姓名		职位	总经理	部门	
指标维度	KPI 指标	权重	绩效目标值		考核得分
财务类	净资产回报率	10%	考核期内净资产回报率在____%以上		
	主营业务收入	5%	考核期内主营业务收入达到____万元		
	办公用品费用控制	5%	考核期内办公用品费用控制在预算范围之内		
	行政成本控制	10%	考核期内企业行政成本控制在预算之内		
内部运营类	年度企业发展战略目标完成率	10%	考核期内年度企业发展战略目标完成率达到____%		
	行政工作计划完成率	10%	考核期内行政工作计划完成率达到100%		
	行政工作流程改善目标完成率	10%	考核期内行政工作流程改善目标完成率达到____%		
	后勤工作计划完成率	10%	考核期内后勤工作计划完成率达到100%		
	行政办公设备完好率	5%	考核期内达到____%		
客户类	内部员工满意率	5%	考核期内内部员工满意率达到____%		
	后勤投诉次数	5%	考核期内后勤投诉次数不得高于____次		
学习发展类	培训计划完成率	5%	考核期内培训计划完成率达到100%		
	核心员工保有率	5%	考核期内核心员工保有率达到____%		
	人才梯队建设	5%	关键人才盘点与人才培养人数		
本次考核总得分					
考核指标说明	行政办公设备完好率 行政办公设备完好率 = $\dfrac{\text{完好设备台数}}{\text{设备总台数}} \times 100\%$				
被考核人		考核人		复核人	
签字：　　日期：		签字：　　日期：		签字：　　日期：	

10.8 某公司各部门考核指标设计参考

表 10-6 某公司各部门考核指标设计参考

部　门	考核项目	考核指标	权重	目标值	数据监督或提供部门
人力资源部	产能	550 万 / 月（1650 万 / 季度）	10	≥ 100%	财务部
		人员招聘及时率	30	≥ 95%	各部门
	质量	员工流失率控制 10%	30	≤ 10%	各部门
		培训计划达成率	10	≥ 90%	各部门
	成本	办公用品费用控制率	5	≤ 2%	人力资源部
		招聘、培训成本	5	≤ 3%	财务部
	现场管理	安全（治安、消防、盗窃检查）	5	≥ 100%	人力资源部
		5S 管理[①]	5	≤ 1%	人力资源部
采购部	产能	550 万 / 月（1650 万 / 季度）	10	≥ 100%	财务部
		采购及时率	25	≥ 98%	生产部、财务部
	质量	来料一次合格率	20	≥ 85%	品保部
		退货处理及时率	20	≥ 95%	财务部
	成本	办公用品费用控制率	5	≤ 2%	人力资源部
		采购成本	10	≤ 5%	财务部
	现场管理	5S 管理	5	≤ 1%	人力资源部
	人员管理	核心员工保有率	5	≥ 95%	人力资源部
生产部	产量	550 万 / 月（1650 万 / 季度）	30	≥ 100%	财务部
	质量	订单交期达成率	25	≥ 90%	出口部
		客诉控制率	10	≤ 3%	出口部、品保部
		产品一次合格率	10	≥ 100%	品保部
	成本	库存下降率	5	≥ 3%	采购
		办公用品费用控制率	5	≤ 2%	人力资源部
	现场管理	安全	5	≤ 1%	人力资源部
		5S 管理	5	≤ 1%	人力资源部
	人员管理	核心员工保有率	5	≥ 95%	人力资源部

---

① 5S 管理是指在生产现场对人员、机器、材料、方法等生产要素进行有效管理，5S 是整理 (Seiri)、整顿 (Seiton)、清扫 (Seiso)、清洁 (Seiketsu) 和素养 (Shitsuke) 这 5 个词的缩写。

部　　门	考核项目	考核指标	权重	目标值	数据监督或提供部门
研发工程部	产能	550 万 / 月（1650 万 / 季度）	10	≥ 100%	财务部
		公司新品样品开发达成率	10	≥ 100%	出口部
		客户新品样品开发及时率	10	≥ 100%	出口部
	质量	样品一次性合格率	10	≥ 98%	出口部
		工艺文件完成及时率	10	≥ 98%	技术部、各车间、生产部
		现场工艺技术支持率	10	≥ 98%	各车间、生产部
		工装夹具制作及时率	10	≥ 99%	
		技术资料（包图纸、BOM）制作准确率	5	≥ 95%	生产部
		技术资料的管理及时率	5	≥ 100%	总经办
		新设备投产及时率	5	≥ 98%	各车间
	成本	办公用品费用控制率	5	≤ 2%	人力资源部
	现场管理	5S 管理	5	≤ 1%	人力资源部
	人员管理	核心员工保有率	5	≥ 95%	人力资源部
出口部	产能	接单达成率	25	≥ 100%	生产部
		客户交期达成率	10	≥ 90%	财务部
	质量	下单及时率	10	≥ 98%	生产部
		出货准确率（数量、品种、报关）	25	≥ 99%	财务部
		顾客投诉处理及时率	10	≥ 100%	总经理、财务总监
	成本	货款回收及时率	5	≥ 98%	财务部
		办公用品费用控制率	5	≤ 2%	人力资源部
	现场管理	5S 管理	5	≤ 1%	人力资源部
	人员管理	核心员工保有率	5	≥ 95%	人力资源部
品保部	产能	550 万 / 月（1650 万 / 季度）	20	≥ 100%	财务部
		品质异常处理及时率	20	≥ 98%	品保部
		来料检验及时率	20	≥ 98%	品保部、仓库、生产部、各车间
	质量	来料检验准确率	10	≥ 95%	品保部、仓库、生产部
		顾客投诉次数	15	≤ 2 次	出口部、品保部
	成本	办公用品费用控制率	5	≤ 2%	人力资源部
	现场管理	5S 管理	5	≤ 1%	人力资源部
	人员管理	核心员工保有率	5	≥ 95%	人力资源部

续表

部 门	考核项目	考核指标	权重	目标值	数据监督或提供部门
各车间	产能	550 万 / 月（1650 万 / 季度）	20	≥ 100%	财务部
		计划达成率	20	≥ 98%	出口部、生产部、财务部
	质量	报表准确及时率	10	≥ 95%	财务部
		成品一次合格率	15	≥ 98%	品保部
	成本	报废控制率	10	≤ 3%	仓库、财务部
		机物料费用控制率	5	≤ 2%	人力资源部
	现场管理	5S 管理	5	≤ 2%	人力资源部
		安全	10	≤ 1%	人力资源部
	人员管理	核心员工保有率	5	≥ 95%	人力资源部
各仓库	产能	550 万 / 月（1650 万 / 季度）	30	≥ 100%	财务部
		收发料及时准确率	25	≥ 98%	各车间、生产部
	质量	帐、物、卡一致性准确率	20	≥ 95%	财务部
	成本	库存下降率	10	≥ 3%	采购
		办公用品费用控制率	5	≤ 2%	人力资源部
	现场管理	5S 管理	5	≤ 1%	人力资源部
	人员管理	核心员工保有率	5	≥ 95%	人力资源部
机修班	产能	550 万 / 月（1650 万 / 季度）	30	≥ 100%	财务部
		生产设备完好率	30	≥ 97%	机修班、各车间
	质量	设备保养及时率	25	≥ 97%	机修班、各车间
	成本	办公用品（含机物料）费用控制率	10	≤ 2%	人力资源部、仓库
	现场管理	安全	10	2 次 / 月	人力资源部
	人员管理	核心员工保有率	5	≥ 95%	人力资源部

第十一章

企业典型岗位的绩效考核表

11.1 技术部经理绩效考核指标量表

表 11-1 技术部经理绩效考核指标量表

类别		被考核人姓名		职位	技术部经理		部门	技术部
		考核人姓名		职位	总经理		部门	
	序号	KPI 指标	权重	绩效目标值				考核得分
管事	1	部门工作计划完成率	20%	部门工作按计划 100% 完成				
	2	技术改造费用控制率	15%	技术改造费用控制率在___% 以下				
	3	标准工时降低率	10%	技术创新使标准工时降低率达到___% 以上				
	4	材料消耗降低率	10%	技术创新使材料消耗降低率达到___% 以上				
	5	技术改进项目完成数	10%	重大技术改进项目完成数在___项以上				
	6	技术方案提交及时率	5%	技术方案提交及时率达到 100%				
	7	技术方案采用率	5%	提交的技术方案被采用的比例达到___% 以上				
	8	外部学术交流次数	5%	考核期内进行外部学术交流的次数在___次以上				
管人	9	员工培训次数	5%	考核期内进行员工培训的次数在___次以上				
	10	部门员工团队管理	5%	部门员工绩效考核平均得分在___分以上				
管标准	11	制度建设及应用	5%	制度设计、制定、培训、执行、评估、更新，确保制度完善性和有效性得分在___分以上				
	12	流程建设及优化	5%	流程设计、优化策略、实施计划、执行与监控及效果评估等得分在___分以上				

本次考核总得分		
考核 指标 说明	1. 技术方案提交及时率 技术方案提交及时率 $=\dfrac{及时提交方案数}{计划提交方案总数}\times 100\%$ 2. 技术方案采用率 技术方案采用率 $=\dfrac{被采用的技术方案数}{提交技术方案总数}\times 100\%$ 3. 员工管理 部门员工绩效考核平均得分以年度综合测评得分为基准		
被考核人：	考核人：	复核人：
签字：　　日期：	签字：　　日期：	签字：　　日期：

11.2　研发部经理绩效考核指标量表

表 11-2　研发部经理绩效考核指标量表

类别	被考核人姓名			职位	研发部经理	部门	研发部
	考核人姓名			职位	总经理	部门	
	序号	KPI 指标	权重	绩效目标值		考核 得分	
管事	1	研发项目阶段成果达成率	15%	研发项目阶段成果达成率在____% 以上			
	2	项目开发完成准时率	10%	项目开发完成准时率在____% 以上			
	3	研发成本控制率	10%	项目研发成本控制率达____%			
	4	新产品投资利润率	10%	新产品投资利润率在____% 以上			
	5	新产品利润贡献率	10%	新产品利润贡献率在____% 以上			
	6	科研成果转化效果	10%	本年度实现科研成果转化在____项以上			

	7	开发成果验收合格率	5%	开发成果验收合格率达到 100%	
	8	科研项目申请成功率	5%	科研项目申请成功率到达到____% 以上	
	9	试验事故发生次数	5%	试验事故发生次数在____次以下	
管人	10	员工培训次数	5%	考核期内进行员工培训的次数在____次以上	
	11	部门员工团队管理	5%	部门员工绩效考核平均得分在____分以上	
管标准	12	制度建设及应用	5%	制度设计、制定、培训、执行、评估、更新，确保制度完善性和有效性得分在____分以上	
	13	流程建设及优化	5%	流程设计、优化策略、实施计划、执行与监控及效果评估等得分在____分以上	
本次考核总得分					

考核指标说明	1. 新产品投资利润率 $$新产品投资利润率 = \frac{新产品利润额}{新产品研发投资总额} \times 100\%$$ 2. 开发成果验收合格率 $$开发成果验收合格率 = \frac{成果验收合格数}{总验收次数} \times 100\%$$ 3. 产品技术重大创新 指产品技术创新获得国际认可或填补国家某项空白，经权威机构认证，由公司技术负责人进行评议，酌情给予考核加分

被考核人：		考核人：		复核人：	
签字：	日期：	签字：	日期：	签字：	日期：

11.3 采购部经理绩效考核指标量表

表 11-3 采购部经理绩效考核指标量表

类别	被考核人姓名			职位	采购部经理		部门	采购部
	考核人姓名			职位	总经理		部门	
	序号	KPI 指标	权重		绩效目标值			考核得分
管事	1	采购计划完成率	10%	考核期内采购计划完成率达到____% 以上				
	2	采购成本降低目标达成率	10%	考核期内采购成本降低目标达成率达到____%				
	3	采购部门管理费用控制	10%	考核期内控制在预算范围之内				
	4	采购及时率	10%	考核期内采购及时率达到____% 以上				
	5	采购质量合格率	10%	考核期内采购质量合格率达到100%				
	6	采购计划编制及时	10%	考核期内采购计划编制及时率达到____%				
	7	供应商开发计划完成	10%	考核期内供应商开发计划完成率在____% 以上				
	8	供应商履约率	5%	考核期内供应商履约率达到____%				
	9	供应商满意率	5%	考核期内供应商满意率在____% 以上				
管人	10	员工培训次数	5%	考核期内进行员工培训的次数在____次以上				
	11	部门员工团队管理	5%	部门员工绩效考核平均得分在____分以上				
管标准	12	制度建设及应用	5%	制度设计、制定、培训、执行、评估、更新，确保制度完善性和有效性得分在____分以上				
	13	流程建设及优化	5%	流程设计、优化策略、实施计划、执行与监控及效果评估等得分在____分以上				
本次考核总得分								
考核指标说明	1. 采购及时率 $$采购及时率 = \frac{规定时间内完成采购订单数}{应完成采购订单总数} \times 100\%$$ 2. 采购计划编制及时率 $$采购计划编制及时率 = \frac{规定时间内完成采购计划编制的次数}{应完成采购计划编制的总数} \times 100\%$$							

被考核人：	考核人：	复核人：
签字： 日期：	签字： 日期：	签字： 日期：

11.4　生产车间主任绩效考核指标量表

表 11-4　生产车间主任绩效考核指标量表

类别	序号	KPI 指标	权重	绩效目标值	考核得分
	被考核人姓名		职位	生产车间主任　部门	生产车间
	考核人姓名		职位	生产管理部经理　部门	生产管理部
管事	1	生产计划按时完成率	10%	考核期内确保产量、产值计划 100% 按时完成	
	2	劳动生产效率	10%	确保本考核期内的劳动生产效率比上一期的劳动生产效率提高＿＿＿%	
	3	交期达成率	10%	考核期内确保交期达成率在＿＿＿% 以上	
	4	产品抽检合格率	10%	考核期内产品抽检合格率不得低于＿＿＿%	
	5	生产计划排程准确率	10%	考核期内不得低于＿＿＿%	
	6	工时标准达成率	10%	考核期内工时标准达成率达＿＿%	
	7	物耗标准达成率	5%	考核期内应达到＿＿＿% 以上	
	8	生产现场 5S 质量	5%	考核期内 5S 要求不合格项数不得超过＿＿＿项	
	9	生产安全事故发生次数	10%	考核期内一般性的生产安全事故不超过＿＿＿起，重大生产安全事故为 0	
管人	10	员工培训次数	5%	考核期内进行员工培训的次数在＿＿＿次以上	
	11	部门员工团队管理	5%	部门员工绩效考核平均得分在＿＿＿分以上	
管标准	12	制度建设及应用	5%	制度设计、制定、培训、执行、评估、更新，确保制度完善性和有效性得分在＿＿＿分以上	
	13	流程建设及优化	5%	流程设计、优化策略、实施计划、执行与监控及效果评估等得分在＿＿＿分以上	
本次考核总得分					
考核指标说明	员工技能提升率 $$员工技能提升率 = \frac{年末技能评估得分 - 年初技能评估得分}{年初技能评估得分} \times 100\%$$				
被考核人： 签字：　　日期：	考核人： 签字：　　日期：		复核人： 签字：　　日期：		

11.5 生产车间班组长绩效考核指标量表

表 11-5 生产车间班组长绩效考核指标量表

类别	被考核人姓名			职位	生产车间班组长	部门	生产车间
	考核人姓名			职位	生产车间主任	部门	生产车间
	序号	KPI 指标	权重	绩效目标值			考核得分
管事	1	生产计划按时完成率	15%	考核期内确保产量、产值计划 100% 按时完成			
	2	劳动生产效率	15%	确保本考核期内的劳动生产效率要比上一期的劳动生产效率提高____%			
	3	产品一次性合格率	15%	考核期内产品一次性合格率达到____% 以上			
	4	产品返工率	10%	考核期内产品返工率应控制在____% 以内			
	5	工时标准达成率	10%	考核期内工时标准达成率达 %			
	6	生产安全事故发生次数	15%	考核期内一般性的生产安全事故不超过____起,重大生产安全事故为 0			
管人	7	员工培训次数	5%	考核期内进行员工培训的次数在____次以上			
	8	部门员工团队管理	5%	部门员工绩效考核平均得分在____分以上			
管标准	9	制度建设及应用	5%	制度设计、制定、培训、执行、评估、更新,确保制度完善性和有效性得分在____分以上			
	10	流程建设及优化	5%	流程设计、优化策略、实施计划、执行与监控及效果评估等得分在____分以上			
	本次考核总得分						
	考核指标说明						
被考核人: 签字: 日期:			考核人: 签字: 日期:		复核人: 签字: 日期:		

11.6　质量经理绩效考核指标量表

表 11–6　质量经理绩效考核指标量表

类别	被考核人姓名			职位	质量经理		部门	质量管理部	
	考核人姓名			职位	总经理		部门		
	序号	KPI 指标	权重	绩效目标值					考核得分
管事	1	质检工作及时完成率	10%	考核期内确保质检工作 100% 按时完成					
	2	原辅材料现场使用合格率	10%	考核期内确保投入生产过程的原辅材料、外协产品 100% 合格					
	3	产品质量合格率	10%	考核期内确保达到＿＿＿% 以上					
	4	产品质量原因退货率	10%	考核期内确保低于＿＿＿%					
	5	质量会签率	10%	考核期内达到＿＿＿% 以上					
	6	批次产品质量投诉率	10%	考核期内不得超过＿＿＿%					
	7	客户投诉改善率	10%	考核期内不得低于＿＿＿%					
	8	产品免检认证通过率	5%	考核期内确保达到＿＿＿% 以上					
	9	质量整改项目按时完成率	5%	考核期内确保质量整改项目 100% 按时完成					
管人	10	员工培训次数	5%	考核期内进行员工培训的次数在＿＿＿次以上					
	11	部门员工团队管理	5%	部门员工绩效考核平均得分在＿＿＿分以上					
管标准	12	制度建设及应用	5%	制度设计、制定、培训、执行、评估、更新，确保制度完善性和有效性得分在＿＿＿分以上					
	13	流程建设及优化	5%	流程设计、优化策略、实施计划、执行与监控及效果评估等得分在＿＿＿分以上					

续表

本次考核总得分		
考核指标说明	1. "质量成本占销售额比率"中"质量成本"的计算方法 　　质量成本 = 内部故障（损失）成本 + 外部故障（损失）成本 　　内部故障（损失）成本 = 报废损失费 + 返工（返修）损失费 　　外部故障（损失）成本 = 顾客退货损失费 + 产品责任费 + 投诉费 2. 质量整改项目按时完成率 　　质量整改项目按时完成率 = $\dfrac{按时完成的质量整改项目的项数}{质量整改项目计划项数} \times 100\%$		
被考核人：	考核人：	复核人：
签字：　日期：	签字：　日期：	签字：　日期：

11.7　设备维修部经理绩效考核指标量表

表 11-7　设备维修部经理绩效考核指标量表

类别	被考核人姓名			职位	设备维修部经理	部门	设备维修
	考核人姓名			职位	总经理	部门	
	序号	KPI 指标	权重	绩效目标值			考核得分
管事	1	部门工作计划完成率	20%	考核期内部门工作计划完成率达到 100%			
	2	单位产量维修费用	10%	考核期内单位产量维修费用控制在____元以下			
	3	外委维修费用控制	10%	年度外委维修费用控制在____万元以内			
	4	设备检修计划完成率	10%	考核期内设备检修计划完成率在____%以上			

	5	设备保养计划按时完成率	10%	考核期内设备保养计划按时完成率达到＿＿%	
	6	设备购置计划编制及时率	10%	考核期内设备购置计划编制及时率达到100%	
	7	设备故障停机率	5%	考核期内设备故障停机率控制在＿＿%以下	
	8	设备故障修复率	5%	考核期内设备故障修复率在＿＿%以上	
管人	9	员工培训次数	5%	考核期内进行员工培训的次数在＿＿次以上	
	10	部门员工团队管理	5%	部门员工绩效考核平均得分在＿＿分以上	
管标准	11	制度建设及应用	5%	制度设计、制定、培训、执行、评估、更新，确保制度完善性和有效性得分在＿＿分以上	
	12	流程建设及优化	5%	流程设计、优化策略、实施计划、执行与监控及效果评估等得分在＿＿分以上	
本次考核总得分					

考核指标说明

1. 单位产量维修费用

$$单位产量维修费用 = \frac{总维修费用}{总产量} \times 100\%$$

（总维修费用 = 故障维修费用 + 主动预防维修费用）

2. 外委维修费用

外委维修指将已过保修期的设备委托第三方专业维修机构进行修理所发生的费用

被考核人：	考核人：	复核人：
签字：　日期：	签字：　日期：	签字：　日期：

11.8 设备采购部经理绩效考核指标量表

表 11-8 设备采购部经理绩效考核指标量表

类别	被考核人姓名			职位	设备采购部经理	部门	设备采购部
	考核人姓名			职位	总经理	部门	
	序号	KPI 指标	权重	绩效目标值			考核得分
管事	1	采购计划完成率	10%	考核期内采购计划完成率达到 100%			
	2	采购资金节约率	10%	考核期内采购资金节约率达到____%			
	3	部门管理费用控制	10%	考核期内部门管理费用控制在预算范围之内			
	4	设备质量检验合格率	10%	考核期内设备采购质量检验合格率达到 100%			
	5	设备采购及时率	10%	考核期内设备采购及时率达到____%			
	6	大宗设备成本节约率	10%	考核期内大宗设备采购成本节约率达到____%			
	7	采购招标计划完成率	10%	考核期内采购招标计划完成率达到____%			
	8	供应商评价合格率	5%	考核期内供应商评价合格率达到 100%			
	9	供应商履约率	5%	考核期内供应商履约率达到 100%			
管人	10	员工培训次数	5%	考核期内进行员工培训的次数在____次以上			
	11	部门员团队管理	5%	部门员工绩效考核平均得分在____分以上			
管标准	12	制度建设及应用	5%	制度设计、制定、培训、执行、评估、更新，确保制度完善性和有效性得分在____分以上			
	13	流程建设及优化	5%	流程设计、优化策略、实施计划、执行与监控及效果评估等得分在____分以上			
本次考核总得分							
考核指标说明	大宗设备成本节约率 $$大宗设备成本节约率 = \frac{采购大宗设备节约资金金额}{大宗设备采购总额} \times 100\%$$						

被考核人： 签字： 日期：	考核人： 签字： 日期：	复核人： 签字： 日期：

11.9　运输部经理绩效考核指标量表

表 11-9　运输部经理绩效考核指标量表

类别	被考核人姓名			职位	运输部经理	部门	运输部
	考核人姓名			职位	总经理	部门	
	序号	KPI 指标	权重	绩效目标值			考核得分
管事	1	运输任务完成率	10%	考核期内运输任务完成率达 100%			
	2	运输管理费用总额	10%	考核期内运输管理费用总额控制在预算范围内			
	3	运输路线计划更改的次数	10%	考核期内运输路线计划更改次数在____次以内			
	4	运输资源开发计划完成率	10%	考核期内运输资源开发计划完成率在____%以上			
	5	完成运量及时率	10%	考核期内完成运量及时率在____%以上			
	6	运输货损率	10%	考核期内运输货损率在____%以下			
	7	单位运输成本降低率	10%	考核期内单位运输成本降低率达____%			
	8	车辆完好率	5%	考核期内车辆完好率达____%			
	9	运输安全事故发生次数	5%	考核期内运输安全事故发生次数在____次以下			
管人	10	员工培训次数	5%	考核期内进行员工培训的次数在____次以上			
	11	部门员工团队管理	5%	部门员工绩效考核平均得分在____分以上			
管标准	12	制度建设及应用	5%	制度设计、制定、培训、执行、评估、更新,确保制度完善性和有效性得分在____分以上			
	13	流程建设及优化	5%	流程设计、优化策略、实施计划、执行与监控及效果评估等得分在____分以上			
本次考核总得分							

考核指标说明

运输资源开发计划完成率

$$运输资源开发计划完成率 = \frac{运输资源开发实际完成量}{运输资源开发计划完成量} \times 100\%$$

被考核人:	考核人:	复核人:
签字:　　　日期:	签字:　　　日期:	签字:　　　日期:

11.10 仓储部经理绩效考核指标量表

表 11-10 仓储部经理绩效考核指标量表

类别	被考核人姓名			职位	仓储部经理		部门	仓储部
	考核人姓名			职位	总经理		部门	
	序号	KPI 指标	权重		绩效目标值		考核得分	
管事	1	部门工作计划完成率	10%		考核期内部门工作计划完成率达到 100%			
	2	仓储管理费用控制	10%		考核期内仓储管理费用控制在预算范围之内			
	3	单位库存成本降低率	15%		考核期内单位库存成本降低率在____% 以上			
	4	库存货损率	10%		考核期内库存货损率控制在____% 以下			
	5	仓库环境良好率	10%		考核期内仓库环境良好率在____% 以上			
	6	库存盘点账实不符的次数	10%		考核期内仓库盘点账实不符的次数在____次以下			
	7	仓储作业流程改进计划完成率	5%		考核期内仓储作业流程改进计划完成率达到 100%			
	8	仓储设施完好率	5%		考核期内仓储设施完好率在____% 以上			
	9	仓储事故次数	5%		考核期内一般性仓储事故在____次以下；重大仓储安全事故为 0			
管人	10	员工培训次数	5%		考核期内进行员工培训的次数在____次以上			
	11	部门员工团队管理	5%		部门员工绩效考核平均得分在____分以上			
管标准	12	制度建设及应用	5%		制度设计、制定、培训、执行、评估、更新，确保制度完善性和有效性得分在____分以上			
	13	流程建设及优化	5%		流程设计、优化策略、实施计划、执行与监控及效果评估等得分在____分以上			
			本次考核总得分					
考核指标说明	1. 仓储作业流程改进计划完成率 $$仓储作业流程改进计划完成率 = \frac{流程改进计划实际完成量}{流程改进计划完成量} \times 100\%$$ 2. 仓储事故次数 仓储事故次数是指在考核期内发生消防、安全等事故的次数							

被考核人：		考核人：		复核人：	
签字： 日期：		签字： 日期：		签字： 日期：	

11.11 包装部经理绩效考核指标量表

表 11-11 包装部经理绩效考核指标量表

<table>
<tr><td colspan="2">被考核人姓名</td><td></td><td>职位</td><td colspan="2">包装部经理</td><td>部门</td><td>包装部</td></tr>
<tr><td rowspan="2">类别</td><td colspan="2">考核人姓名</td><td>职位</td><td colspan="2">总经理</td><td>部门</td><td></td></tr>
<tr><td>序号</td><td>KPI 指标</td><td>权重</td><td colspan="3">绩效目标值</td><td>考核得分</td></tr>
<tr><td rowspan="9">管事</td><td>1</td><td>包装生产计划完成率</td><td>10%</td><td colspan="3">考核期内包装生产计划完成率达 100%</td><td></td></tr>
<tr><td>2</td><td>包装品合格率</td><td>10%</td><td colspan="3">考核期内包装品合格率达到 100%</td><td></td></tr>
<tr><td>3</td><td>部门管理费用控制</td><td>10%</td><td colspan="3">考核期内部门管理费用控制在预算范围之内</td><td></td></tr>
<tr><td>4</td><td>包装设计方案一次性通过率</td><td>10%</td><td colspan="3">考核期内包装设计方案一次性通过率达 ___% 以上</td><td></td></tr>
<tr><td>5</td><td>包装材料改进目标达成率</td><td>10%</td><td colspan="3">考核期内包装材料改进目标达成率在 ___% 以上</td><td></td></tr>
<tr><td>6</td><td>包装成本降低率</td><td>10%</td><td colspan="3">考核期内包装成本降低率在 ___% 以上</td><td></td></tr>
<tr><td>7</td><td>准时交货率</td><td>10%</td><td colspan="3">考核期内准时交货率达 100%</td><td></td></tr>
<tr><td>8</td><td>包装生产线效率提升率</td><td>5%</td><td colspan="3">考核期内包装生产线效率提升率达 ___% 以上</td><td></td></tr>
<tr><td>9</td><td>包装流程改进目标达成率</td><td>5%</td><td colspan="3">考核期内包装流程改进目标达成率在 ___% 以上</td><td></td></tr>
<tr><td rowspan="2">管人</td><td>10</td><td>员工培训次数</td><td>5%</td><td colspan="3">考核期内进行员工培训的次数在 ___ 次以上</td><td></td></tr>
<tr><td>11</td><td>部门员团队管理</td><td>5%</td><td colspan="3">部门员工绩效考核平均得分在 ___ 分以上</td><td></td></tr>
<tr><td rowspan="2">管标准</td><td>12</td><td>制度建设及应用</td><td>5%</td><td colspan="3">制度设计、制定、培训、执行、评估、更新，确保制度完善性和有效性得分在 ___ 分以上</td><td></td></tr>
<tr><td>13</td><td>流程建设及优化</td><td>5%</td><td colspan="3">流程设计、优化策略、实施计划、执行与监控及效果评估等得分在 ___ 分以上</td><td></td></tr>
<tr><td colspan="7">本次考核总得分</td><td></td></tr>
<tr><td>考核指标说明</td><td colspan="7">1. 包装生产线效率提升率
包装生产线效率提升率 = (期末生产线效率−期初生产线效率)/期初生产线效率 ×100%
2. 包装流程改进目标达成率
包装流程改进目标达成率 = 流程改进目标达成数/流程改进目标总数 ×100%</td></tr>
<tr><td colspan="3">被考核人：</td><td colspan="2">考核人：</td><td colspan="3">复核人：</td></tr>
<tr><td colspan="3">签字： 日期：</td><td colspan="2">签字： 日期：</td><td colspan="3">签字： 日期：</td></tr>
</table>

11.12 营销部经理绩效考核指标量表

表 11-12 营销部经理绩效考核指标量表

<table>
<tr><td rowspan="3">类别</td><td colspan="2">被考核人姓名</td><td></td><td>职位</td><td colspan="2">营销部经理</td><td>部门</td><td>营销部</td></tr>
<tr><td colspan="2">考核人姓名</td><td></td><td>职位</td><td colspan="2">总经理</td><td>部门</td><td></td></tr>
<tr><td>序号</td><td>KPI 指标</td><td>权重</td><td colspan="4">绩效目标值</td><td>考核得分</td></tr>
<tr><td rowspan="9">管事</td><td>1</td><td>销售额</td><td>15%</td><td colspan="4">考核期内销售额达到＿＿万元以上</td><td></td></tr>
<tr><td>2</td><td>销售量</td><td>15%</td><td colspan="4">考核期内各项业务销售量达到＿＿以上</td><td></td></tr>
<tr><td>3</td><td>营销计划达成率</td><td>15%</td><td colspan="4">考核期内营销计划达成率达到100%以上</td><td></td></tr>
<tr><td>4</td><td>销售增长率</td><td>10%</td><td colspan="4">考核期内销售增长率达到＿＿%以上</td><td></td></tr>
<tr><td>5</td><td>销售费用预算</td><td>5%</td><td colspan="4">考核期内销售费用控制在预算之内</td><td></td></tr>
<tr><td>6</td><td>实际回款率</td><td>5%</td><td colspan="4">考核期内实际回款率达到＿＿%以上</td><td></td></tr>
<tr><td>7</td><td>坏账率</td><td>5%</td><td colspan="4">考核期内坏账率控制在＿＿%之内</td><td></td></tr>
<tr><td>8</td><td>新客户实现率</td><td>5%</td><td colspan="4">考核期内新客户实现率达到＿＿%以上</td><td></td></tr>
<tr><td>9</td><td>新品（重点推介商品）销售收入百分比</td><td>5%</td><td colspan="4">考核期内新品（重点推介商品）销售收入百分比达到＿＿%以上</td><td></td></tr>
<tr><td rowspan="2">管人</td><td>10</td><td>员工培训次数</td><td>5%</td><td colspan="4">考核期内进行员工培训的次数在＿＿次以上</td><td></td></tr>
<tr><td>11</td><td>部门员工团队管理</td><td>5%</td><td colspan="4">部门员工绩效考核平均得分在＿＿分以上</td><td></td></tr>
<tr><td rowspan="2">管标准</td><td>12</td><td>制度建设及应用</td><td>5%</td><td colspan="4">制度设计、制定、培训、执行、评估、更新，确保制度完善性和有效性得分在＿＿分以上</td><td></td></tr>
<tr><td>13</td><td>流程建设及优化</td><td>5%</td><td colspan="4">流程设计、优化策略、实施计划、执行与监控及效果评估等得分在＿＿分以上</td><td></td></tr>
<tr><td colspan="7" align="center">本次考核总得分</td><td></td></tr>
<tr><td colspan="3">考核指标说明</td><td colspan="5">新客户实现率
$$新客户实现率 = \frac{实际新增客户数}{计划增加客户数} \times 100\%$$</td></tr>
<tr><td colspan="3">被考核人：

签字：　　日期：</td><td colspan="2">考核人：

签字：　　日期：</td><td colspan="3">复核人：

签字：　　日期：</td></tr>
</table>

11.13 市场部经理绩效考核指标量表

表 11-13 市场部经理绩效考核指标量表

类别		被考核人姓名		职位	市场部经理	部门	市场部
		考核人姓名		职位	总经理	部门	
	序号	KPI 指标	权重	绩效目标值			考核得分
管事	1	市场拓展计划完成率	15%	考核期内市场拓展计划完成率在＿＿% 以上			
	2	策划方案成功率	15%	考核期内策划方案成功率达到＿＿% 以上			
	3	市场推广活动费用控制率	15%	考核期内推广费用控制率控制在＿＿% 以内			
	4	推广活动销售增长率	10%	考核期内因推广活动销售增长率达到＿＿%			
	5	推广活动效果	10%	考核期内推广活动效果得分达到＿＿分以上			
	6	部门管理费用控制	5%	考核期内部门管理费用控制在预算之内			
	7	媒体正面曝光次数	5%	考核期内媒体正面曝光次数在＿＿次以上			
	8	市场调研计划达成率	5%	考核期内市场调研计划达成率在＿＿% 以上			
管人	9	员工培训次数	5%	考核期内进行员工培训的次数在＿＿次以上			
	10	部门员团队管理	5%	部门员工绩效考核平均得分在＿＿分以上			
管标准	11	制度建设及应用	5%	制度设计、制定、培训、执行、评估、更新，确保制度完善性和有效性得分在＿＿分以上			
	12	流程建设及优化	5%	流程设计、优化策略、实施计划、执行与监控及效果评估等得分在＿＿分以上			
本次考核总得分							

考核指标说明	1. 市场推广活动费用控制率 市场推广活动费用控制率 $= \dfrac{\text{实际推广费用}}{\text{计划推广费用}} \times 100\%$ 2. 传播促销费用率 传播促销费用率 $= \dfrac{\text{传播促销费用}}{\text{实际销售额}} \times 100\%$

被考核人:	考核人:	复核人:
签字: 日期:	签字: 日期:	签字: 日期:

11.14 企划部经理绩效考核指标量表

表 11-14　企划部经理绩效考核指标量表

类别	被考核人姓名			职位		企划部经理		部门	企划部
	考核人姓名			职位		总经理		部门	
	序号	KPI 指标	权重	绩效目标值					考核得分
管事	1	企划任务按时完成率	15%	考核期内企划任务按时完成率达 100%					
	2	策划方案成功率	15%	考核期内企划方案成功率达到＿＿% 以上					
	3	企划费用控制率	10%	考核期内企划费用控制率达到＿＿%					
	4	部门费用控制	10%	考核期内部门管理费用控制在预算范围之内					
	5	企划活动效果	10%	考核期内企划活动效果得分达到＿＿分以上					
	6	媒体正面曝光次数	10%	考核期内在公众媒体上发表宣传公司的新闻报道及宣传广告达到＿＿次以上					
	7	企划目标达成率	5%	考核期内企划目标达成率在＿＿% 以上					
	8	危机公关处理满意度	5%	对危机公关的应急处理后过对受众、领导进行问卷调查的满意度得分达到＿＿分以上					
管人	9	员工培训次数	5%	考核期内进行员工培训的次数在＿＿次以上					
	10	部门员工团队管理	5%	部门员工绩效考核平均得分在＿＿分以上					
管标准	11	制度建设及应用	5%	制度设计、制定、培训、执行、评估、更新，确保制度完善性和有效性得分在＿＿分以上					
	12	流程建设及优化	5%	流程设计、优化策略、实施计划、执行与监控及效果评估等得分在＿＿分以上					
本次考核总得分									
考核指标说明	企划目标达成率 $$企划目标达成率 = \frac{企划目标实际达成数}{企划目标计划达成数} \times 100\%$$								
被考核人： 签字：　　日期：			考核人： 签字：　　日期：				复核人： 签字：　　日期：		

11.15　广告部经理绩效考核指标量表

表 11-15　广告部经理绩效考核指标量表

类别	序号	KPI 指标	权重	绩效目标值	考核得分
被考核人姓名			职位	广告部经理　　部门 广告部	
考核人姓名			职位	总经理　　部门	
管事	1	广告宣传计划按时完成率	20%	考核期内计划按时完成率达到____%以上	
	2	广告策划方案通过率	10%	考核期内广告策划方案通过率达到____%	
	3	广告投放有效率	10%	考核期内广告投放有效率达到____%以上	
	4	广告预算达成率	10%	考核期内广告预算达成率控制在____%以内	
	5	千人广告成本	10%	考核期内千人广告成本不超过____元	
	6	广告效果评估报告提交及时率	10%	考核期内广告效果评估报告提交及时率达____%以上	
	7	广告认知度	5%	考核期内广告认知度评分在____分以上	
	8	市场占有率	5%	考核期内市场占有率提高____%以上	
管人	9	员工培训次数	5%	考核期内进行员工培训的次数在____次以上	
	10	部门员工团队管理	5%	部门员工绩效考核平均得分在____分以上	
管标准	11	制度建设及应用	5%	制度设计、制定、培训、执行、评估、更新，确保制度完善性和有效性得分在____分以上	
	12	流程建设及优化	5%	流程设计、优化策略、实施计划、执行与监控及效果评估等得分在____分以上	
本次考核总得分					
考核指标说明		1. 广告效果评估报告提交及时率 $$广告效果评估报告提交及时率 = \frac{报告提交及时数}{提交报告的总数} \times 100\%$$ 2. 市场占有率 $$市场占有率 = \frac{某区域内一定时期某种商品销售量}{该种商品在同一市场同期销售总量} \times 100\%$$			

被考核人： 签字：　　日期：	考核人： 签字：　　日期：	复核人： 签字：　　日期：

11.16 公关部经理绩效考核指标量表

表 11-16 公关部经理绩效考核指标量表

类别	被考核人姓名			职位	公关部经理	部门	公关部
	考核人姓名			职位	总经理	部门	
	序号	KPI 指标	权重		绩效目标值		考核得分
管事	1	公关传播计划完成率	20%	考核期内计划完成率达到____% 以上			
	2	公关策略目标实现率	10%	考核期内公关策略目标实现率在____% 以上			
	3	大型活动组织的次数	10%	考核期内组织的大型社会专题活动超过____次			
	4	公关费用控制	10%	考核期内公关费用控制在预算范围内			
	5	公关效果评估报告提交及时率	10%	考核期内公关效果评估报告提交及时率在____% 以上			
	6	危机公关认可度	10%	考核期内危机公关认可度平均得分在____分以上			
	7	媒体正面曝光次数	5%	考核期内媒体正面曝光次数达到____次以上			
	8	企业美誉度	5%	考核期内企业美誉度调查得分在____分以上			
管人	9	员工培训次数	5%	考核期内进行员工培训的次数在____次以上			
	10	部门员工团队管理	5%	部门员工绩效考核平均得分在____分以上			
管标准	11	制度建设及应用	5%	制度设计、制定、培训、执行、评估、更新,确保制度完善性和有效性得分在____分以上			
	12	流程建设及优化	5%	流程设计、优化策略、实施计划、执行与监控及效果评估等得分在____分以上			
本次考核总得分							
考核指标说明							
被考核人: 签字: 日期:			考核人: 签字: 日期:		复核人: 签字: 日期:		

11.17 直销部经理绩效考核指标量表

表 11-17 直销部经理绩效考核指标量表

类别		被考核人姓名		职位	直销部经理	部门	直销部
		考核人姓名		职位	总经理	部门	
	序号	KPI 指标	权重	绩效目标值			考核得分
管事	1	销售额/销售量	15%	考核期内销售额/销售量达到____万元或____件			
	2	销售计划达成率	15%	考核期内销售计划实现 100% 以上			
	3	年销售增长率	10%	考核期内销售增长率达____% 以上			
	4	销售费用节省率	10%	考核期内销售费用有效控制，节省率达____%以上			
	5	新产品销售收入	10%	考核期内新产品销售收入达____万元			
	6	利润率	10%	考核期内直销部利润率达到____% 以上			
	7	新开发大客户数	5%	考核期内新开发大客户数达____家			
	8	对客户意见在标准时间内的反馈率	5%	考核期内及时反馈客户意见，在标准时间内的反馈率达 100%			
管人	9	员工培训次数	5%	考核期内进行员工培训的次数在____次以上			
	10	部门员工团队管理	5%	部门员工绩效考核平均得分在____分以上			
管标准	11	制度建设及应用	5%	制度设计、制定、培训、执行、评估、更新，确保制度完善性和有效性得分在____分以上			
	12	流程建设及优化	5%	流程设计、优化策略、实施计划、执行与监控及效果评估等得分在____分以上			
本次考核总得分							

考核指标说明	1. 利润率 $$利润率 = \frac{考核期内销售净利润}{考核期内销售总收入} \times 100\%$$ 2. 对客户意见在标准时间内的反馈率 $$对客户意见在标准时间内的反馈率 = \frac{在标准时间内反馈客户意见的次数}{总共需要反馈的次数} \times 100\%$$

被考核人：	考核人：	复核人：
签字： 日期：	签字： 日期：	签字： 日期：

11.18 零售部经理绩效考核指标量表

表 11-18 零售部经理绩效考核指标量表

类别	被考核人姓名			职位	零售部经理	部门	零售部
	考核人姓名			职位	总经理	部门	
	序号	KPI 指标	权重	绩效目标值			考核得分
管事	1	销售额	30%	考核期内销售额达到____万元			
	2	销售计划达成率	15%	考核期内销售计划实现 100% 以上			
	3	年销售增长率	10%	考核期内销售增长率达____% 以上			
	4	销售费用节省率	10%	考核期内销售费用有效控制，节省率达____% 以上			
	5	客户重复购买率	10%	考核期内会员客户重复购买率达____% 以上			
	6	利润率	10%	考核期内零售部利润率达到____% 以上			
	7	新产品销售收入	5%	考核期内新产品销售收入达____万元			
	8	集团购买销售额目标达成率	5%	考核期内实现集团购买销售额目标达 100% 以上			
管人	9	员工培训次数	5%	考核期内进行员工培训的次数在____次以上			
	10	部门员工团队管理	5%	部门员工绩效考核平均得分在____分以上			
管标准	11	制度建设及应用	5%	制度设计、制定、培训、执行、评估、更新，确保制度完善性和有效性得分在____分以上			
	12	流程建设及优化	5%	流程设计、优化策略、实施计划、执行与监控及效果评估等得分在____分以上			
	本次考核总得分						
考核指标说明	1. 客户重复购买率 $$客户重复购买率 = \frac{会员客户重复购买的平均次数}{考核期内会员客户总数} \times 100\%$$ 2. 集团购买销售额目标达成率 $$集团购买销售额目标达成率 = \frac{集团购买实际完成的销售额}{考核期内计划销售额} \times 100\%$$						

被考核人：	考核人：	复核人：
签字：　　　日期：	签字：　　　日期：	签字：　　　日期：

11.19　导购部经理绩效考核指标量表

表 11-19　导购部经理绩效考核指标量表

类别	序号	KPI 指标	权重	绩效目标值	考核得分
被考核人姓名			职位	导购部经理　　部门　导购部	
考核人姓名			职位	总经理　　部门	
管事	1	销售额	15%	考核期内各门店、卖场的销售总额达　　万元以上	
	2	导购管理工作计划达成率	10%	考核期内导购管理工作计划实现 100%	
	3	年销售增长率	10%	各门店、卖场年销售增长率达　　% 以上	
	4	导购管理费用节省率	10%	考核期内导购管理费用有效控制，费用节省率达到 ___% 以上	
	5	导购培训计划完成率	10%	考核期内导购培训计划完成率达 100%	
	6	导购考核达标率	10%	年度考核中，各门店、卖场导购考核达标率达到　　% 以上	
	7	客户意见处理及时率	10%	考核期内客户意见处理及时率达 ___% 以上	
	8	客户满意率	5%	考核期内客户对导购工作的满意率在　　% 以上	
管人	9	员工培训次数	5%	考核期内进行员工培训的次数在　　次以上	
	10	部门员工团队管理	5%	部门员工绩效考核平均得分在　　分以上	
管标准	11	制度建设及应用	5%	制度设计、制定、培训、执行、评估、更新，确保制度完善性和有效性得分在　　分以上	
	12	流程建设及优化	5%	流程设计、优化策略、实施计划、执行与监控及效果评估等得分在　　分以上	
本次考核总得分					
考核指标说明				1. 导购管理工作计划达成率 导购管理工作计划达成率 $=\dfrac{实际完成的导购管理工作项目数}{导购管理工作计划项目数}\times100\%$ 2. 导购管理费用节省率 导购管理费用节省率 $=\dfrac{导购管理费用预算-实际导购管理费用}{导购管理费用预算}\times100\%$ 3. 客户意见处理及时率 客户意见处理及时率 $=\dfrac{客户意见处理及时的次数}{客户提出意见的总次数}\times100\%$	

被考核人：	考核人：	复核人：
签字：　　日期：	签字：　　日期：	签字：　　日期：

11.20 结算部经理绩效考核指标量表

表 11-20 结算部经理绩效考核指标量表

<table>
<tr><td rowspan="2" colspan="2">被考核人姓名</td><td></td><td>职位</td><td colspan="2">结算部经理</td><td>部门</td><td>结算部</td></tr>
<tr><td></td><td>职位</td><td colspan="2">总经理</td><td>部门</td><td></td></tr>
<tr><td>类别</td><td>序号</td><td>KPI 指标</td><td>权重</td><td colspan="3">绩效目标值</td><td colspan="2">考核得分</td></tr>
<tr><td rowspan="8">管事</td><td>1</td><td>部门工作计划完成率</td><td>15%</td><td colspan="3">考核期内部门工作计划完成率达 100%</td><td colspan="2"></td></tr>
<tr><td>2</td><td>结算业务数量</td><td>15%</td><td colspan="3">考核期内完成不少于____笔的业务数量</td><td colspan="2"></td></tr>
<tr><td>3</td><td>部门费用预算达成率</td><td>10%</td><td colspan="3">考核期内费用预算达成率达到____%</td><td colspan="2"></td></tr>
<tr><td>4</td><td>结算手续办理出错率</td><td>10%</td><td colspan="3">考核期内结算手续办理出错率控制在____%之内</td><td colspan="2"></td></tr>
<tr><td>5</td><td>结算手续办理的及时性</td><td>15%</td><td colspan="3">考核期内结算手续办理发生延误的次数在____次以下</td><td colspan="2"></td></tr>
<tr><td>6</td><td>对账差错率</td><td>5%</td><td colspan="3">考核期内对账差错率在____%以下</td><td colspan="2"></td></tr>
<tr><td>7</td><td>结算档案管理的规范性</td><td>5%</td><td colspan="3">结算档案管理是否符合公司相关规定，根据检查结果，每发现一次扣 2 分</td><td colspan="2"></td></tr>
<tr><td>8</td><td>部门协作满意度</td><td>5%</td><td colspan="3">相关部门满意度调查问卷得分的算术平均分数在____分以上</td><td colspan="2"></td></tr>
<tr><td rowspan="2">管人</td><td>9</td><td>员工培训次数</td><td>5%</td><td colspan="3">考核期内进行员工培训的次数在____次以上</td><td colspan="2"></td></tr>
<tr><td>10</td><td>部门员工团队管理</td><td>5%</td><td colspan="3">部门员工绩效考核平均得分在____分以上</td><td colspan="2"></td></tr>
<tr><td rowspan="2">管标准</td><td>11</td><td>制度建设及应用</td><td>5%</td><td colspan="3">制度设计、制定、培训、执行、评估、更新，确保制度完善性和有效性得分在____分以上</td><td colspan="2"></td></tr>
<tr><td>12</td><td>流程建设及优化</td><td>5%</td><td colspan="3">流程设计、优化策略、实施计划、执行与监控及效果评估等得分在____分以上</td><td colspan="2"></td></tr>
<tr><td colspan="7" align="center">本次考核总得分</td><td colspan="2"></td></tr>
<tr><td rowspan="2">考核指标说明</td><td colspan="8">1. 费用预算达成率
$$费用预算达成率 = \frac{实际部门费用}{部门计划费用} \times 100\%$$
2. 员工任职资格达标率
$$员工任职资格达标率 = \frac{任职资格达标数}{部门员工总数} \times 100\%$$</td></tr>
<tr><td colspan="8"></td></tr>
<tr><td colspan="3">被考核人：
签字：　　日期：</td><td colspan="3">考核人：
签字：　　日期：</td><td colspan="3">复核人：
签字：　　日期：</td></tr>
</table>

11.21 客服部经理绩效考核指标量表

表 11-21 客服部经理绩效考核指标量表

<table>
<tr><td rowspan="2">类别</td><td colspan="2">被考核人姓名</td><td colspan="2">职位</td><td>客服部经理</td><td>部门</td><td>客服部</td></tr>
<tr><td colspan="2">考核人姓名</td><td colspan="2">职位</td><td>总经理</td><td>部门</td><td></td></tr>
<tr><td></td><td>序号</td><td>KPI 指标</td><td>权重</td><td colspan="3">绩效目标值</td><td>考核得分</td></tr>
<tr><td rowspan="8">管事</td><td>1</td><td>客服工作计划完成率</td><td>20%</td><td colspan="3">考核期内客服工作计划完成率在＿＿＿% 以上</td><td></td></tr>
<tr><td>2</td><td>客服费用预算节省率</td><td>10%</td><td colspan="3">考核期内客服费用预算节省率达＿＿＿%</td><td></td></tr>
<tr><td>3</td><td>客户意见反馈及时率</td><td>10%</td><td colspan="3">考核期内对客户意见在标准时间内的反馈率达＿＿＿% 以上</td><td></td></tr>
<tr><td>4</td><td>客户服务信息传递及时率</td><td>10%</td><td colspan="3">考核期内在客户服务中发现重要问题或由价值信息的及时传递率达＿＿＿% 以上</td><td></td></tr>
<tr><td>5</td><td>客服流程改进目标达成率</td><td>10%</td><td colspan="3">考核期内客服流程改进目标达成率在＿＿＿% 以上</td><td></td></tr>
<tr><td>6</td><td>客服标准有效执行率</td><td>10%</td><td colspan="3">考核期内客服标准有效执行率达＿＿＿%</td><td></td></tr>
<tr><td>7</td><td>客户满意度</td><td>5%</td><td colspan="3">考核期内客户对客服满意得分在＿＿＿分以上</td><td></td></tr>
<tr><td>8</td><td>大客户流失数</td><td>5%</td><td colspan="3">考核期内因客户服务原因造成大客户流失数量在＿＿＿以下</td><td></td></tr>
<tr><td rowspan="2">管人</td><td>9</td><td>员工培训次数</td><td>5%</td><td colspan="3">考核期内进行员工培训的次数在＿＿＿次以上</td><td></td></tr>
<tr><td>10</td><td>部门员工团队管理</td><td>5%</td><td colspan="3">部门员工绩效考核平均得分在＿＿＿分以上</td><td></td></tr>
<tr><td rowspan="2">管标准</td><td>11</td><td>制度建设及应用</td><td>5%</td><td colspan="3">制度设计、制定、培训、执行、评估、更新，确保制度完善性和有效性得分在＿＿＿分以上</td><td></td></tr>
<tr><td>12</td><td>流程建设及优化</td><td>5%</td><td colspan="3">流程设计、优化策略、实施计划、执行与监控及效果评估等得分在＿＿＿分以上</td><td></td></tr>
<tr><td colspan="8" align="center">本次考核总得分</td></tr>
<tr><td rowspan="2">考核指标说明</td><td colspan="7">1. 客服工作计划完成率
客服工作计划完成率 = $\dfrac{客服工作计划实际完成量}{客服工作计划应完成量} \times 100\%$</td></tr>
<tr><td colspan="7">2. 客服费用预算节省率
客服费用预算节省率 = $\dfrac{客服费用节省额}{客服费用预算总额} \times 100\%$</td></tr>
<tr><td colspan="3">被考核人：
签字：　　日期：</td><td colspan="2">考核人：
签字：　　日期：</td><td colspan="3">复核人：
签字：　　日期：</td></tr>
</table>

11.22 网络部经理绩效考核指标量表

表 11-22 网络部经理绩效考核指标量表

<table>
<tr><td rowspan="3">类别</td><td colspan="2">被考核人姓名</td><td></td><td>职位</td><td colspan="2">网络部经理</td><td>部门</td><td>网络部</td></tr>
<tr><td colspan="2">考核人姓名</td><td></td><td>职位</td><td colspan="2">总经理</td><td>部门</td><td></td></tr>
<tr><td>序号</td><td>KPI 指标</td><td>权重</td><td colspan="3">绩效目标值</td><td colspan="2">考核得分</td></tr>
<tr><td rowspan="8">管事</td><td>1</td><td>部门工作计划完成率</td><td>20%</td><td colspan="4">考核期内部门工作计划完成率达 100%</td><td></td></tr>
<tr><td>2</td><td>信息化建设目标达成率</td><td>10%</td><td colspan="4">考核期内信息化建设目标达成率在___% 以上</td><td></td></tr>
<tr><td>3</td><td>网站开发建设计划完成率</td><td>10%</td><td colspan="4">考核期内网站开发建设计划完成率在___% 以上</td><td></td></tr>
<tr><td>4</td><td>部门管理费用控制</td><td>10%</td><td colspan="4">考核期内部门管理费用控制在预算范围之内</td><td></td></tr>
<tr><td>5</td><td>系统运行完好率</td><td>10%</td><td colspan="4">考核期内系统运行完好率在___% 以上</td><td></td></tr>
<tr><td>6</td><td>网络安全性</td><td>10%</td><td colspan="4">考核期内受到网络安全威胁次数在___次以下</td><td></td></tr>
<tr><td>7</td><td>网站用户满意度</td><td>5%</td><td colspan="4">考核期内客户满意度平均评分在___分以上</td><td></td></tr>
<tr><td>8</td><td>系统和网络故障处理及时率</td><td>5%</td><td colspan="4">考核期内系统和网络故障处理及时率在___% 以上</td><td></td></tr>
<tr><td rowspan="2">管人</td><td>9</td><td>员工培训次数</td><td>5%</td><td colspan="4">考核期内进行员工培训的次数在___次以上</td><td></td></tr>
<tr><td>10</td><td>部门员工团队管理</td><td>5%</td><td colspan="4">部门员工绩效考核平均得分在___分以上</td><td></td></tr>
<tr><td rowspan="2">管标准</td><td>11</td><td>制度建设及应用</td><td>5%</td><td colspan="4">制度设计、制定、培训、执行、评估、更新，确保制度完善性和有效性得分在___分以上</td><td></td></tr>
<tr><td>12</td><td>流程建设及优化</td><td>5%</td><td colspan="4">流程设计、优化策略、实施计划、执行与监控及效果评估等得分在___分以上</td><td></td></tr>
<tr><td colspan="7" align="center">本次考核总得分</td><td></td></tr>
<tr><td>考核指标说明</td><td colspan="8">部门协作满意度
相关部门对网络部提供的网络系统服务的满意度评分的算术平均值</td></tr>
<tr><td colspan="3">被考核人：</td><td colspan="3">考核人：</td><td colspan="2">复核人：</td></tr>
<tr><td colspan="3">签字：　日期：</td><td colspan="3">签字：　日期：</td><td colspan="2">签字：　日期：</td></tr>
</table>

11.23 物业部经理绩效考核指标量表

表 11-23 物业部经理绩效考核指标量表

<table>
<tr><td rowspan="3">类别</td><td colspan="2">被考核人姓名</td><td></td><td>职位</td><td>物业部经理</td><td>部门</td><td>物业部</td></tr>
<tr><td colspan="2">考核人姓名</td><td></td><td>职位</td><td>总经理</td><td>部门</td><td></td></tr>
<tr><td>序号</td><td>KPI 指标</td><td>权重</td><td colspan="3">绩效目标值</td><td>考核
得分</td></tr>
<tr><td rowspan="8">管事</td><td>1</td><td>部门工作
计划完成率</td><td>20%</td><td colspan="3">考核期内部门工作计划完成率达 100%</td><td></td></tr>
<tr><td>2</td><td>物业费用
预算控制率</td><td>10%</td><td colspan="3">考核期内物业费用预算控制率在____% 以内</td><td></td></tr>
<tr><td>3</td><td>基础设施完好率</td><td>15%</td><td colspan="3">考核期内基础设施完好率达____% 以上</td><td></td></tr>
<tr><td>4</td><td>水、电、暖
设施完好率</td><td>10%</td><td colspan="3">考核期内水、电、暖设施完好率在____% 以上</td><td></td></tr>
<tr><td>5</td><td>保洁达标率</td><td>10%</td><td colspan="3">考核期内保洁达标率在____% 以上</td><td></td></tr>
<tr><td>6</td><td>绿化完好率</td><td>5%</td><td colspan="3">考核期内绿化完好率在____% 以上</td><td></td></tr>
<tr><td>7</td><td>安全消防
设施完好率</td><td>5%</td><td colspan="3">考核期内安全消防设施完好率在____% 以上</td><td></td></tr>
<tr><td>8</td><td>物业服务满意度</td><td>5%</td><td colspan="3">考核期内企业员工对物业部提供的服务满意度评价达到____分以上</td><td></td></tr>
<tr><td rowspan="2">管人</td><td>9</td><td>员工培训次数</td><td>5%</td><td colspan="3">考核期内进行员工培训的次数在____次以上</td><td></td></tr>
<tr><td>10</td><td>部门员工团队管理</td><td>5%</td><td colspan="3">部门员工绩效考核平均得分在____分以上</td><td></td></tr>
<tr><td rowspan="2">管标准</td><td>11</td><td>制度建设及应用</td><td>5%</td><td colspan="3">制度设计、制定、培训、执行、评估、更新，确保制度完善性和有效性得分在____分以上</td><td></td></tr>
<tr><td>12</td><td>流程建设及优化</td><td>5%</td><td colspan="3">流程设计、优化策略、实施计划、执行与监控及效果评估等得分在____分以上</td><td></td></tr>
<tr><td colspan="7" align="center">本次考核总得分</td><td></td></tr>
<tr><td rowspan="2">考核
指标
说明</td><td colspan="7">1. 物业费用预算控制率
$$物业费用预算控制率 = \frac{部门实际费用支出}{部门预算费用支出} \times 100\%$$</td></tr>
<tr><td colspan="7"></td></tr>
<tr><td colspan="3">被考核人：
签字： 日期：</td><td colspan="2">考核人：
签字： 日期：</td><td colspan="3">复核人：
签字： 日期：</td></tr>
</table>

11.24 消防部经理绩效考核指标量表

表 11-24 消防部经理绩效考核指标量表

类别	被考核人姓名			职位	消防部经理	部门	消防部
	考核人姓名			职位	总经理	部门	
	序号	KPI 指标	权重	绩效目标值			考核得分
管事	1	消防安全工作计划执行率	15%	考核期内消防安全工作计划执行率在____% 以上			
	2	消防费用预算控制率	10%	考核期内消防费用预算控制率在____% 以内			
	3	消防安全隐患排查工作计划执行率	10%	考核期内安全隐患排查工作计划执行率达100%			
	4	消防事故发生次数	10%	考核期内因工作失误导致的消防事故发生次数为 0			
	5	消防设备完好率	10%	考核期内消防设备完好率为 100%			
	6	消防器械更换及时率	10%	考核期内消防器械更换及时率在____% 以上			
	7	消防设备检修次数	10%	考核期内消防设备检修次数不低于____次			
	8	外部合作单位满意度	5%	考核期内外部合作单位满意度评分在____分以上			
管人	9	员工培训次数	5%	考核期内进行员工培训的次数在____次以上			
	10	部门员工团队管理	5%	部门员工绩效考核平均得分在____分以上			
管标准	11	制度建设及应用	5%	制度设计、制定、培训、执行、评估、更新，确保制度完善性和有效性得分在____分以上			
	12	流程建设及优化	5%	流程设计、优化策略、实施计划、执行与监控及效果评估等得分在____分以上			
	本次考核总得分						
考核指标说明	1. 消防费用预算控制率 $$消防费用预算控制率 = \frac{消防实际费用支出}{消防预算费用支出} \times 100\%$$ 2. 外部合作单位满意度 外部合作单位满意度信息通过对与消防部合作的消防安全部门的满意度调查获得						
被考核人： 签字：　　日期：		考核人： 签字：　　日期：			复核人： 签字：　　日期：		

11.25　工程预算部经理绩效考核指标量表

表 11-25　工程预算部经理绩效考核指标量表

类别						考核得分
	被考核人姓名		职位	工程预算部经理	部门	工程预算部
	考核人姓名		职位	总经理	部门	
	序号	KPI 指标	权重	绩效目标值		考核得分
管事	1	部门工作计划完成率	15%	考核期内部门工作计划完成率在＿＿＿% 以上		
	2	部门费用控制	10%	考核期内部门费用控制在预算范围之内		
	3	工程成本降低率	10%	考核期内部门工程成本降低率达＿＿＿% 以上		
	4	工程预算编制计划按时完成率	10%	考核期内工程预算编制计划按时完成率达 100%		
	5	工程预算方案一次性通过率	10%	考核期内工程预算方案一次性通过率达＿＿＿% 以上		
	6	工程概算误差率	10%	考核期内工程概算平均误差率控制在＿＿＿% 以内		
	7	工程预算误差率	10%	考核期内工程预算平均误差率控制在＿＿＿% 以内		
	8	工程决算与预算差异	5%	考核期内工程决算与预算差异控制在＿＿＿% 以内		
管人	9	员工培训次数	5%	考核期内进行员工培训的次数在＿＿＿次以上		
	10	部门员工团队管理	5%	部门员工绩效考核平均得分在＿＿＿分以上		
管标准	11	制度建设及应用	5%	制度设计、制定、培训、执行、评估、更新，确保制度完善性和有效性得分在＿＿＿分以上		
	12	流程建设及优化	5%	流程设计、优化策略、实施计划、执行与监控及效果评估等得分在＿＿＿分以上		
本次考核总得分						
考核指标说明	工程预算方案一次性通过率 工程预算方案一次性通过率的计算，以年为单位，通过一次性审核通过的预算方案数量同报审的预算方案数量的比较来进行衡量					
被考核人： 签字：　　日期：		考核人： 签字：　　日期：			复核人： 签字：　　日期：	

11.26 营业部经理绩效考核指标量表

表 11-26 营业部经理绩效考核指标量表

类别		被考核人姓名		职位	营业部经理	部门	营业部
		考核人姓名		职位	总经理	部门	
	序号	KPI 指标	权重		绩效目标值		考核得分
管事	1	佣金收入	15%	考核期内佣金收入达到____元以上			
	2	部门工作计划完成率	10%	考核期内部门工作计划完成率在____% 以上			
	3	经营成本降低率	15%	考核期内经营成本降低率达____%			
	4	客户资产规模	15%	考核期内客户资产规模达到____元以上			
	5	员工持证率	10%	考核期内员工持证率达____%			
	6	客户投诉解决率	5%	考核期内客户投诉解决率达 100%			
	7	新增客户数量	5%	考核期内新增客户数量达到____户			
	8	有效客户数量	5%	考核期内有效客户数量在____户以上			
管人	9	员工培训次数	5%	考核期内进行员工培训的次数在____次以上			
	10	部门员工团队管理	5%	部门员工绩效考核平均得分在____分以上			
管标准	11	制度建设及应用	5%	制度设计、制定、培训、执行、评估、更新，确保制度完善性和有效性得分在____分以上			
	12	流程建设及优化	5%	流程设计、优化策略、实施计划、执行与监控及效果评估等得分在____分以上			
本次考核总得分							
考核指标说明		1. 客户投诉解决率 $$客户投诉解决率 = \frac{解决的投诉数}{投诉总数} \times 100\%$$ 2. 有效客户数量 指在营业部开户且在一定时期内有交易记录的客户数量					
被考核人： 签字：　　日期：			考核人： 签字：　　日期：			复核人： 签字：　　日期：	

11.27　客户经理绩效考核指标量表

表 11-27　客户经理绩效考核指标量表

类别	序号	KPI 指标	权重	绩效目标值	考核得分
	被考核人姓名		职位	客户经理　　　部门　客户部	
	考核人姓名		职位	客户部经理　　部门　客户部	
管事	1	存量客户资产	15%	考核期内存量客户资产达到　　元以上	
	2	新增客户资产	10%	考核期内新增客户资产达到　　元以上	
	3	客户资金周转率	10%	考核期内客户资金周转率达　　%	
	4	客户资产流失率	15%	考核期内客户资产流失率低于　　%	
	5	客户资产增值率	10%	考核期内客户资产增值率在　　% 以上	
	6	投诉解决率	5%	考核期内客户投诉解决率达到00%	
	7	客户满意度	10%	考核期内客户满意度评分在　　分以上	
	8	协作部门员工满意度	5%	考核期内协作部门员工满意度评分在____分以上	
管人	9	员工培训次数	5%	考核期内进行员工培训的次数在　　次以上	
	10	部门员工团队管理	5%	部门员工绩效考核平均得分在　　分以上	
管标准	11	制度建设及应用	5%	制度设计、制定、培训、执行、评估、更新，确保制度完善性和有效性得分在　　分以上	
	12	流程建设及优化	5%	流程设计、优化策略、实施计划、执行与监控及效果评估等得分在　　分以上	
本次考核总得分					
考核指标说明				1. 客户资金周转率 $$客户资金周转率 = \frac{成交量（考核期）}{（期末总资产＋期初总资产）÷2} \times 100\%$$ 2. 客户资产流失率 $$客户资产流失率 = \frac{流失客户托管市值}{所管理客户托管市值合计} \times 100\%$$ 3. 客户资产增值率 $$客户资产增值率 = \frac{期末资产总值-期初资产总值}{期初资产总值} \times 100\%$$ 4. 投诉解决率 $$投诉解决率 = \frac{解决的投诉数}{投诉总数} \times 100\%$$	
被考核人： 签字：　　日期：	考核人： 签字：　　日期：			复核人： 签字：　　日期：	

11.28　财务部经理绩效考核指标量表

表 11-28　财务部经理绩效考核指标量表

类别	序号	KPI 指标	权重	绩效目标值	考核得分
被考核人姓名			职位	财务部经理	部门 财务部
考核人姓名			职位	总经理	部门
管事	1	部门工作计划完成率	15%	考核期内部门工作计划完成率达 100%	
	2	部门管理费用控制	10%	考核期内部门管理费用控制在预算范围之内	
	3	财务计划编制及时率	10%	考核期内财务计划编制及时率在____% 以上	
	4	财务体系规范化目标达成率	10%	考核期内财务体系规范化目标达成率在____% 以上	
	5	公司财务预算控制率	10%	考核期内公司财务预算控制率在____% 以上	
	6	财务数据准确度	10%	考核期内提交的各类报表、报告中数据出错的次数控制在____次以内	
	7	报表编制及时率	10%	考核期内报表编制及时率在____% 以上	
	8	财务费用降低率	5%	考核期内财务费用降低率在____% 以上	
管人	9	员工培训次数	5%	考核期内进行员工培训的次数在____次以上	
	10	部门员工团队管理	5%	部门员工绩效考核平均得分在____分以上	
管标准	11	制度建设及应用	5%	制度设计、制定、培训、执行、评估、更新,确保制度完善性和有效性得分在____分以上	
	12	流程建设及优化	5%	流程设计、优化策略、实施计划、执行与监控及效果评估等得分在____分以上	
本次考核总得分					
考核指标说明	财务体系规范化目标达成率 $$财务体系规范化目标达成率 = \frac{目标达成数}{计划实现目标总数} \times 100\%$$				

被考核人:	考核人:	复核人:
签字:　　　日期:	签字:　　　日期:	签字:　　　日期:

11.29　人力资源部经理绩效考核指标量表

表 11–29　人力资源部经理绩效考核指标量表

类别	被考核人姓名			职位	人力资源部经理	部门	人力资源部
	考核人姓名			职位	总经理	部门	
	序号	KPI 指标	权重	绩效目标值			考核得分
管事	1	人力资源工作计划按时完成率	15%	考核期内人力资源工作计划按时完成率达100%			
	2	人力资源成本预算控制率	15%	考核期内人力资源成本预算控制率在____%以下			
	3	人力资源规划方案提交及时率	15%	考核期内人力资源规划方案提交及时率在____%以上			
	4	招聘计划完成率	10%	考核期内招聘计划完成率达100%			
	5	培训计划完成率	10%	考核期内培训计划完成率达100%			
	6	绩效考核计划按时完成率	10%	考核期内绩效考核计划按时完成率达到100%			
管人	7	员工任职资格达标率	5%	考核期内企业员工任职资格达标率达100%			
	8	员工培训次数	5%	考核期内进行员工培训的次数在　次以上			
	9	部门员工团队管理	5%	部门员工绩效考核平均得分在　分以上			
管标准	10	制度建设及应用	5%	制度设计、制定、培训、执行、评估、更新，确保制度完善性和有效性得分在　分以上			
	11	流程建设及优化	5%	流程设计、优化策略、实施计划、执行与监控及效果评估等得分在　分以上			
	本次考核总得分						
考核指标说明	1. 人力资源成本预算控制率 人力资源成本预算控制率 = $\dfrac{\text{实际发生费用}}{\text{预算费用}} \times 100\%$ 2. 人力资源规划方案提交及时率 人力资源规划方案提交及时率 = $\dfrac{\text{本期按时提交的方案数}}{\text{本期应提交的方案数}} \times 100\%$						
被考核人： 签字：　　日期：	考核人： 签字：　　日期：			复核人： 签字：　　日期：			

11.30 绩效薪酬部经理绩效考核指标量表

表 11-30 绩效薪酬部经理绩效考核指标量表

<table>
<tr><td rowspan="3">类别</td><td colspan="2">被考核人姓名</td><td></td><td>职位</td><td>绩效薪酬部经理</td><td>部门</td><td rowspan="2">绩效薪酬部</td></tr>
<tr><td colspan="2">考核人姓名</td><td></td><td>职位</td><td>总经理</td><td>部门</td></tr>
<tr><td>序号</td><td>KPI 指标</td><td>权重</td><td colspan="3">绩效目标值</td><td>考核得分</td></tr>
<tr><td rowspan="9">管事</td><td>1</td><td>部门工作计划完成率</td><td>15%</td><td colspan="3">考核期内部门工作计划完成率达 100%</td><td></td></tr>
<tr><td>2</td><td>部门管理费用控制</td><td>15%</td><td colspan="3">考核期内部门管理费用控制在预算范围之内</td><td></td></tr>
<tr><td>3</td><td>绩效考核计划按时完成率</td><td>10%</td><td colspan="3">考核期内绩效考核计划按时完成率达 100%</td><td></td></tr>
<tr><td>4</td><td>薪酬调查方案提交及时率</td><td>10%</td><td colspan="3">考核期内薪酬调查方案提交及时率达 100%</td><td></td></tr>
<tr><td>5</td><td>绩效评估报告提交及时率</td><td>5%</td><td colspan="3">考核期内绩效评估报告提交及时率在____%以上</td><td></td></tr>
<tr><td>6</td><td>工资与奖金计算差错次数</td><td>5%</td><td colspan="3">考核期内因人为原因造成差错的次数为 0</td><td></td></tr>
<tr><td>7</td><td>员工保险、福利计算差错次数</td><td>5%</td><td colspan="3">考核期内因人为原因造成差错的次数为 0</td><td></td></tr>
<tr><td>8</td><td>员工薪酬满意度</td><td>10%</td><td colspan="3">考核期内员工对薪酬满意度评价达到____分以上</td><td></td></tr>
<tr><td>9</td><td>薪酬考核资料归档率</td><td>5%</td><td colspan="3">考核期内薪酬绩效资料归档率在____%以上</td><td></td></tr>
<tr><td rowspan="2">管人</td><td>10</td><td>员工培训次数</td><td>5%</td><td colspan="3">考核期内进行员工培训的次数在____次以上</td><td></td></tr>
<tr><td>11</td><td>部门员工团队管理</td><td>5%</td><td colspan="3">部门员工绩效考核平均得分在____分以上</td><td></td></tr>
<tr><td rowspan="2">管标准</td><td>12</td><td>制度建设及应用</td><td>5%</td><td colspan="3">制度设计、制定、培训、执行、评估、更新,确保制度完善性和有效性得分在____分以上</td><td></td></tr>
<tr><td>13</td><td>流程建设及优化</td><td>5%</td><td colspan="3">流程设计、优化策略、实施计划、执行与监控及效果评估等得分在____分以上</td><td></td></tr>
<tr><td colspan="6" align="center">本次考核总得分</td><td></td></tr>
<tr><td rowspan="2">考核指标说明</td><td colspan="6">1. 部门工作计划完成率
部门工作计划完成率 = $\dfrac{已完成工作量}{计划完成工作量} \times 100\%$</td></tr>
<tr><td colspan="6">2. 员工薪酬满意度
员工薪酬满意度通过对员工发放薪酬满意度调查问卷,计算其满意度评分的算术平均值</td></tr>
<tr><td colspan="3">被考核人:</td><td colspan="2">考核人:</td><td colspan="2">复核人:</td></tr>
<tr><td colspan="3">签字: 日期:</td><td colspan="2">签字: 日期:</td><td colspan="2">签字: 日期:</td></tr>
</table>

11.31 工程部经理绩效考核指标量表

表 11-31 工程部经理绩效考核指标量表

	被考核人姓名		职位	工程部经理	部门	工程部
	考核人姓名		职位	总经理	部门	
	序号	KPI 指标	权重	绩效目标值		考核得分
管事	1	工程计划目标完成率	15%	考核期内工程部各项工作计划目标100%实现		
	2	设备设施完好率	15%	考核期内酒店宾馆内各系统设备设施完好率达到___%以上		
	3	设备设施正常运转天数	10%	考核期内各系统设备设施正常运转___天以上		
	4	系统运行成本节约率	10%	考核期内各系统运行成本有效控制，成本节约率达___%以上		
	5	设备设施维修及时率	10%	考核期内各系统设备设施维修及时率达100%		
	6	平均故障间隔时间	10%	考核期内各系统设备设施平均故障间隔时间不超过___天		
	7	故障停机率	5%	考核期内故障停机率低于___%		
	8	部门管理费用节省率	5%	考核期内工程部管理费用节省率达___%以上		
管人	9	员工培训次数	5%	考核期内进行员工培训的次数在___次以上		
	10	部门员工团队管理	5%	部门员工绩效考核平均得分在___分以上		
管标准	11	制度建设及应用	5%	制度设计、制定、培训、执行、评估、更新，确保制度完善性和有效性得分在___分以上		
	12	流程建设及优化	5%	流程设计、优化策略、实施计划、执行与监控及效果评估等得分在___分以上		
	本次考核总得分					
考核指标说明	工程计划目标完成率 $$\text{工程计划目标完成率} = \frac{\text{实际完成的工程项目数}}{\text{工程计划项目总数}} \times 100\%$$					
被考核人： 签字： 日期：		考核人： 签字： 日期：			复核人： 签字： 日期：	

11.32 设备部经理绩效考核指标量表

表 11-32 设备部经理绩效考核指标量表

类别	被考核人姓名			职位	设备部经理	部门	设备部
	考核人姓名			职位	总经理	部门	
类别	序号	KPI 指标	权重	绩效目标值			考核得分
管事	1	设备有效利用率	15%	考核期内确保达____% 以上			
	2	设备负荷率	10%	考核期内确保达____% 以上			
	3	设备保养率	10%	考核期内确保达____% 以上			
	4	设备速度利用率	10%	考核期内确保达____% 以上			
	5	设备故障停机率	10%	考核期内控制在____% 以内			
	6	设备故障报修及时率	10%	考核期内确保设备故障 100% 按时报修			
	7	设备安全操作培训覆盖率	10%	考核期内确保达____% 以上			
	8	大宗设备采购成本节约率	5%	考核期内确保达____% 以上			
管人	9	员工培训次数	5%	考核期内进行员工培训的次数在____次以上			
	10	部门员工团队管理	5%	部门员工绩效考核平均得分在____分以上			
管事	11	制度建设及应用	5%	制度设计、制定、培训、执行、评估、更新，确保制度完善性和有效性得分在____分以上			
	12	流程建设及优化	5%	流程设计、优化策略、实施计划、执行与监控及效果评估等得分在____分以上			
	本次考核总得分						

考核指标说明	1. 设备安全操作培训覆盖率 $$设备安全操作培训覆盖率 = \frac{实际接受安全操作培训的人数}{计划接受安全操作培训的人数} \times 100\%$$ 2. 大宗设备采购成本节约率 $$大宗设备采购成本节约率 = \frac{采购大宗设备节约资金金额}{大宗设备采购总金额} \times 100\%$$

被考核人：	考核人：	复核人：
签字： 日期：	签字： 日期：	签字： 日期：

11.33　项目部经理绩效考核指标量表

表 11-33　项目部经理绩效考核指标量表

<table>
<tr><td colspan="2">被考核人姓名</td><td></td><td>职位</td><td colspan="2">项目部经理</td><td>部门</td><td>项目部</td></tr>
<tr><td rowspan="2">类别</td><td colspan="2">考核人姓名</td><td>职位</td><td colspan="2">总经理</td><td>部门</td><td rowspan="2">考核得分</td></tr>
<tr><td>序号</td><td>KPI 指标</td><td>权重</td><td colspan="3">绩效目标值</td></tr>
<tr><td rowspan="8">管事</td><td>1</td><td>项目计划按时完成率</td><td>20%</td><td colspan="3">项目计划中各项工作按时完成率达 100%</td><td></td></tr>
<tr><td>2</td><td>项目开发目标实现率</td><td>15%</td><td colspan="3">项目开发目标实现率达 100%</td><td></td></tr>
<tr><td>3</td><td>工程质量评定</td><td>15%</td><td colspan="3">工程质量评级在＿＿＿级以上</td><td></td></tr>
<tr><td>4</td><td>工程招标及时率</td><td>10%</td><td colspan="3">工程招标及时率达 100%</td><td></td></tr>
<tr><td>5</td><td>材料设备到位及时率</td><td>5%</td><td colspan="3">材料设备到位及时率达 100%</td><td></td></tr>
<tr><td>6</td><td>施工单位到位及时率</td><td>5%</td><td colspan="3">施工单位到位及时率达 100%</td><td></td></tr>
<tr><td>7</td><td>项目进度计划达成率</td><td>5%</td><td colspan="3">项目进度计划达成率达 100%</td><td></td></tr>
<tr><td>8</td><td>原材料、配套设备质量合格率</td><td>5%</td><td colspan="3">原材料、配套设备质量合格率达 100%</td><td></td></tr>
<tr><td rowspan="2">管人</td><td>9</td><td>员工培训次数</td><td>5%</td><td colspan="3">考核期内进行员工培训的次数在＿＿＿次以上</td><td></td></tr>
<tr><td>10</td><td>部门员工团队管理</td><td>5%</td><td colspan="3">部门员工绩效考核平均得分在＿＿＿分以上</td><td></td></tr>
<tr><td rowspan="2">管标准</td><td>11</td><td>制度建设及应用</td><td>5%</td><td colspan="3">制度设计、制定、培训、执行、评估、更新，确保制度完善性和有效性得分在＿＿＿分以上</td><td></td></tr>
<tr><td>12</td><td>流程建设及优化</td><td>5%</td><td colspan="3">流程设计、优化策略、实施计划、执行与监控及效果评估等得分在＿＿＿分以上</td><td></td></tr>
<tr><td colspan="7" align="center">本次考核总得分</td><td></td></tr>
<tr><td rowspan="2">考核指标说明</td><td colspan="7">1. 项目计划按时完成率
$$项目计划按时完成率 = \frac{项目计划按时完成的任务量}{项目计划规定的任务量} \times 100\%$$
2. 工程招标及时率
$$工程招标及时率 = \frac{规定时间内完成招标的工程数}{项目需要招标的总工程数} \times 100\%$$</td></tr>
<tr><td colspan="7"></td></tr>
<tr><td colspan="2">被考核人：</td><td colspan="2">考核人：</td><td colspan="4">复核人：</td></tr>
<tr><td colspan="2">签字：　日期：</td><td colspan="2">签字：　日期：</td><td colspan="4">签字：　日期：</td></tr>
</table>

11.34 造价部经理绩效考核指标量表

表 11-34 造价部经理绩效考核指标量表

类别	序号	KPI 指标	权重	绩效目标值	考核得分
被考核人姓名			职位	造价部经理	部门	造价部
考核人姓名			职位	总经理	部门	
管事	1	预结算编制计划完成率	15%	预结算编制计划完成率达 100%	
	2	工程成本降低率	15%	考核期内部门工程成本降低率达____% 以上	
	3	工程预算费用达成率	10%	工程预算费用达成率控制在____% 以内	
	4	部门费用预算达成率	10%	部门费用预算达成率控制在____% 以内	
	5	工程概算误差率	10%	部门工程概算平均误差率控制在____% 以内	
	6	工程预算误差率	10%	部门工程预算平均误差率控制在____% 以内	
	7	工程结算误差率	5%	部门工程结算平均误差率控制在____% 以内	
	8	工程决算与预算差异	5%	工程决算与预算差异控制在____% 以内	
管人	9	员工培训次数	5%	考核期内进行员工培训的次数在____次以上	
	10	部门员工团队管理	5%	部门员工绩效考核平均得分在____分以上	
管标准	11	制度建设及应用	5%	制度设计、制定、培训、执行、评估、更新，确保制度完善性和有效性得分在____分以上	
	12	流程建设及优化	5%	流程设计、优化策略、实施计划、执行与监控及效果评估等得分在____分以上	
本次考核总得分					

考核指标说明	1. 部门费用预算达成率 $$部门费用预算达成率 = \frac{部门费用实际支出额}{部门费用预算} \times 100\%$$ 2. 员工培训计划完成率 $$员工培训计划完成率（包括内部预算知识培训与外部培训）= \frac{已完成的培训课时}{计划完成的培训课时} \times 100\%$$ 3. 部门协作满意度 对各业务部门之间的协作、配合程度通过发放部门满意度评分表进行考核，计算满意度评分的算术平均值

被考核人： 签字：　　日期：	考核人： 签字：　　日期：	复核人： 签字：　　日期：

11.35 质量部经理绩效考核指标量表

表 11-35 质量部经理绩效考核指标量表

类别	被考核人姓名			职位	质量部经理	部门	质量部
	考核人姓名			职位	总经理	部门	
	序号	KPI 指标	权重	绩效目标值			考核得分
管事	1	质量检验计划完成率	20%	考核期内质量检验计划完成率达100%			
	2	部门管理费用控制率	10%	考核期内部门管理费用控制在预算范围之内			
	3	工程质量合格率	10%	考核期内工程质量合格率达100%			
	4	原材料进厂合格率	10%	原材料进厂合格率达100%			
	5	质量检验规程执行率	5%	质量检验规程执行率达100%			
	6	工程质量检验报告编制及时率	5%	工程质量检验报告编制及时率达100%			
	7	质量认证一次性通过率	5%	质量认证一次性通过率达100%			
	8	质量体系推行工作按计划完成率	5%	质量体系推行工作按计划完成率达100%			
	9	检验仪器设备完好率	5%	检验仪器设备完好率达100%			
	10	工程质量问题出现次数	5%	考核期内工程质量问题出现次数控制在____次以内			
管人	11	员工培训次数	5%	考核期内进行员工培训的次数在____次以上			
	12	部门员工团队管理	5%	部门员工绩效考核平均得分在____分以上			
管标准	13	制度建设及应用	5%	制度设计、制定、培训、执行、评估、更新，确保制度完善性和有效性得分在____分以上			
	14	流程建设及优化	5%	流程设计、优化策略、实施计划、执行与监控及效果评估等得分在____分以上			

考核指标说明	**本次考核总得分**	
考核 指标 说明	1. 质量检验规程执行率 质量检验规程执行率 = $\dfrac{\text{质量检验规程得到有效执行的条款数}}{\text{质量规程发布的总数}} \times 100\%$ 2. 质量体系推行工作按计划完成率 质量体系推行工作按计划完成率 = $\dfrac{\text{质量体系推行工作已完成的工作量}}{\text{质量体系推行工作计划工作量}} \times 100\%$	

被考核人：	考核人：	复核人：
签字：　　日期：	签字：　　日期：	签字：　　日期：

11.36　安全部经理绩效考核指标量表

表 11-36　安全部经理绩效考核指标量表

类别		被考核人姓名			职位	安全部经理		部门	安全部
		考核人姓名			职位	总经理		部门	
	序号	KPI 指标	权重		绩效目标值				考核 得分
管事	1	安全检查计划 按时完成率	15%	考核期内确保安全检查工作 100% 按计划完成，及时消除安全隐患，保证安全生产					
	2	千人负伤率	15%	考核期内确保不超过____%					
	3	安全隐患整改率	15%	考核期内安全隐患整改工作 100% 按时完成					
	4	安全事故发生起数	10%	考核期内发生安全事故的总起数少于____起					
	5	安全培训覆盖率	10%	考核期内确保达到____% 以上					
	6	安全事故及时处理率	10%	考核期内确保安全事故 100% 得以及时处理					
	7	部门管理费用预算节省率	5%	考核期内确保费用预算节省率不低于____%					

管人管标准	8	员工培训次数	5%	考核期内进行员工培训的次数在＿＿＿次以上	
	9	部门员团队管理	5%	部门员工绩效考核平均得分在＿＿＿分以上	
	10	制度建设及应用	5%	制度设计、制定、培训、执行、评估、更新，确保制度完善性和有效性得分在＿＿＿分以上	
	11	流程建设及优化	5%	流程设计、优化策略、实施计划、执行与监控及效果评估等得分在＿＿＿分以上	
本次考核总得分					
考核指标说明	安全检查计划按时完成率 安全检查计划按时完成率 $= \dfrac{\text{实际完成的安全检查次数}}{\text{计划完成的安全检查次数}} \times 100\%$				
被考核人		考核人		复核人	
签字：　　日期：		签字：　　日期：		签字：　　日期：	

11.37　后勤部经理绩效考核指标量表

表 11-37　后勤部经理绩效考核指标量表

类别	被考核人姓名			职位	后勤部经理	部门	后勤部
	考核人姓名			职位	总经理	部门	
	序号	KPI 指标	权重		绩效目标值		考核得分
管事	1	后勤工作计划完成率	15%	考核期内后勤工作计划完成率达 100%			
	2	后勤费用预算控制率	10%	考核期内后勤费用预算控制率在____% 以内			
	3	基建工作计划完成率	10%	考核期内基建工作计划完成率达 100%			
	4	环境卫生达标率	10%	考核期内环境卫生达标率达 100%			
	5	公共设施维护及时率	10%	考核期内公共设施维护及时率在____% 以上			
	6	维修费用降低率	10%	考核期内维修费用降低率在____% 以上			
	7	维修及时率	5%	考核期内维修及时率在____% 以上			
	8	食宿服务满意度	5%	考核期内员工对食宿服务满意度评分在____分以上			
	9	安全事故发生次数	5%	重大安全事故发生次数为 0			
管人	10	员工培训次数	5%	考核期内进行员工培训的次数在____次以上			
	11	部门员工团队管理	5%	部门员工绩效考核平均得分在____分以上			
管标准	12	制度建设及应用	5%	制度设计、制定、培训、执行、评估、更新，确保制度完善性和有效性得分在____分以上			
	13	流程建设及优化	5%	流程设计、优化策略、实施计划、执行与监控及效果评估等得分在____分以上			
		本次考核总得分					
考核指标说明	安全事故 安全事故是指企业辖区内所有消防安全、意外事故及盗窃事件等，车间工伤除外						

被考核人：	考核人：	复核人：
签字：　　日期：	签字：　　日期：	签字：　　日期：

第四篇
企业绩效管理未来展望

第十二章

人工智能技术在企业绩效管理中的应用

近年来，随着人工智能技术的快速发展，企业在绩效管理方面也开始使用人工智能技术。人工智能技术在绩效管理中的应用，可以使企业的管理更加智能、高效，帮助企业实现全面管理和取得更好的业绩。

12.1　AI 技术在绩效管理中的应用

随着人工智能（AI）技术的不断发展，绩效管理也正在经历着巨大的变革。传统的绩效管理通常依赖于人为的主观判断和手动处理，容易出现偏差和误差，而 AI 技术则可以更客观、准确地评估员工的表现和绩效，提高管理效率和准确性。在这篇文章中，我们将探讨绩效管理的未来趋势，尤其是 AI 时代下的人力资源管理。

人工智能技术在企业绩效管理中的应用，主要有以下作用。

1. 数据分析与预测

人工智能可以帮助企业从大量的数据中提取关键信息，并进行数据分析，以更准确地评估员工的绩效。通过分析历史数据和其他相关因素，人工智能还可以预测未来的业绩和发展趋势，为企业提供决策支持。

2. 智能考核系统

传统的绩效评估方式通常存在主观性和不公平性的问题。而借助人工智能技术，企业可以开发智能考核系统，实现全面、客观、公正的绩效评估。系统可以根据设定的指标和权重，自动计算员工的得分，并提供相应的反馈和建议。

3. 实时监控与反馈

利用人工智能技术，企业可以实时监控员工的工作进展和业绩情况。通过数据分析和机器学习算法，系统可以自动识别出绩效偏差，并及时发出警示。同时，系统还可以提供个性化的反馈和培训建议，帮助员工改进工作表现。

12.2　未来趋势：AI 时代下的绩效管理

未来，随着人工智能技术的不断发展，AI 时代下的绩效管理将呈现出以下趋势：

- 更加精准的绩效评估：AI 技术可以对员工的工作表现进行全面、深入的评估，从而更加精准地评估员工的绩效水平。
- 更加个性化的绩效管理：AI 技术可以根据员工的个性化特点，制定出适合员工的绩效管理方案，从而更好地提高员工的工作效率。
- 更加实时的绩效反馈：AI 技术可以及时地对员工的绩效数据进行分析和反馈，帮助员工及时调整工作策略，提高绩效水平。
- 更加智能化的绩效改进：AI 技术可以通过对员工的绩效数据进行分析，提出合理的改进建议，帮助员工不断提高绩效水平。

企业在使用人工智能技术进行绩效管理时，可以根据不同的需求选择不同的应用场景，例如：

（1）员工绩效评估。传统的员工绩效评估方法效率低、单一，且容易受到个人主观因素的干扰，而使用人工智能技术的考核方式，除了可以提高效率，还可以从多角度全面评估员工的绩效。例如，AI 技术可以在员工日常工作中进行数据采集，计算员工业绩指标，并依此评估员工的绩效水平，从而更加客观、公正地评估员工的贡献和能力。

（2）流程优化。在企业流程优化中，人工智能技术可以通过监控业务流程、分析业务流程关键节点的耗时情况，发现流程瓶颈和问题，并对业务流程进行优化，提升企业的效率和生产能力。

（3）销售预测。利用人工智能技术的大数据分析和机器学习能力，可以对市场进行更为准确的预测，分析客户行为，捕捉市场变化，为企业提供更高效的市场推广方案，提升销售业绩。

12.3 AI 时代下的人力资源管理趋势

在 AI 时代下，人力资源管理也将面临着巨大的变革和挑战。主要体现在以下几个方面：

人机协同合作：通过 AI 技术对数据进行分析和决策，再加上人类的主观判断力与创造力，二者相结合，更好地处理数据问题与人际关系问题。

数据支持：通过 AI 技术对于数据的准确计算与客观判断来帮助管理者更好地进行决策。

员工个性化管理：针对员工的个体差异和个性化需求，通过 AI 技术设计针对不同员工的个性化管理和培训，从而提高员工的满意度和忠诚度。

变革与创新：通过 AI 技术帮助企业人力资源管理者更好地根据企业自身情况以及长远发展目标及时进行战略决策与管理方法的创新与变革，从而提高管理效率。

虽然人工智能技术在企业绩效管理中应用前景广阔，但是也面临一定的局限性和挑战，主要包括：

（1）技术成本高。人工智能技术的应用需要投入大量的技术和人力物力。对于许多中小型企业来说，难以在技术上做到"人尽其才，物尽其用"。

（2）数据质量差。人工智能技术的应用需要大量高质量的数据支撑，但是很多中小型企业缺乏准确、完整的数据，从而影响人工智能技术应用的效果。

（3）数据安全。人工智能技术应用过程中涉及大量机密和敏感数据，必须通过加密等手段保证数据的安全性，但这带来了另外一个技术风险。

人工智能技术在企业绩效管理中的应用，可以帮助企业实现全面管理和取得更好的业绩。虽然面临一定的局限性和挑战，但是随着技术的不断发展，相信它将会为企业带来更加广阔的发展空间。

【参考书目】

1.《华为战略解码：从战略规划到落地执行的管理系统》，陈雨点、王云龙、王安辉著，电子工业出版社 2021 年版。

2.《华为战略管理法：DSTE 实战体系》，谢宁著，中国人民大学出版社 2022 年版。

3.《重构绩效：用团队绩效塑造组织能力》，李祖滨、胡士强、陈琪著，机械工业出版社 2019 年版。

4.《阿里巴巴的人力资源管理》，张继辰、孔艺轩著，海天出版社 2015 年版。

图书在版编目 (CIP) 数据

HR 绩效管理经典实战案例 / 李连魁著 . -- 北京 ：
中国法制出版社，2024.9
（企业 HR 经典实战案例系列丛书）
ISBN 978-7-5216-4467-8

Ⅰ . ① H… Ⅱ . ①李… Ⅲ . ①企业绩效－企业管理
Ⅳ . ① F272.5

中国国家版本馆 CIP 数据核字（2024）第 080490 号

策划编辑：马春芳
责任编辑：马春芳   封面设计：汪要军

HR 绩效管理经典实战案例

HR JIXIAO GUANLI JINGDIAN SHIZHAN ANLI

著者 / 李连魁
经销 / 新华书店
印刷 / 三河市紫恒印装有限公司

开本 / 730 毫米 × 1030 毫米　16 开   印张 / 11.75　字数 / 179 千
版次 / 2024 年 9 月第 1 版   2024 年 9 月第 1 次印刷

中国法制出版社出版
书号 ISBN 978-7-5216-4467-8   定价：52.00 元

北京市西城区西便门西里甲 16 号西便门办公区
邮政编码：100053   传真：010-63141600
网址：http://www.zgfzs.com   **编辑部电话：010-63141815**
市场营销部电话：010-63141612   **印务部电话：010-63141606**
（如有印装质量问题，请与本社印务部联系。）